本书得到国家自然科学基金项目（71203220）和
中国农业科学院创新工程项目资助

EVALUATION AND OPTIMIZATION OF CHINA'S GRAIN SUBSIDIZATION POLICY

我国粮食补贴政策效果评价及政策优化研究

辛翔飞　王济民　著

中国社会科学出版社

图书在版编目（CIP）数据

我国粮食补贴政策效果评价及政策优化研究/辛翔飞，

王济民著 . —北京：中国社会科学出版社，2016.7

ISBN 978 - 7 - 5161 - 8606 - 0

Ⅰ . ①我…　Ⅱ . ①辛… ②王…　Ⅲ . ①粮食—政府补

贴—财政政策—研究—中国　Ⅳ . ①F812.0

中国版本图书馆 CIP 数据核字（2016）第 170182 号

出 版 人	赵剑英	
责任编辑	卢小生	
特约编辑	林　木	
责任校对	周晓东	
责任印制	王　超	

出　　版	中国社会科学出版社	
社　　址	北京鼓楼西大街甲 158 号	
邮　　编	100720	
网　　址	http：//www. csspw. cn	
发 行 部	010 - 84083685	
门 市 部	010 - 84029450	
经　　销	新华书店及其他书店	

印　　装	北京君升印刷有限公司	
版　　次	2016 年 7 月第 1 版	
印　　次	2016 年 7 月第 1 次印刷	

开　　本	710×1000　1/16	
印　　张	14	
插　　页	2	
字　　数	212 千字	
定　　价	55.00 元	

摘　要

国以民为本，民以食为天，食以粮为源。粮食安全问题是关系国家安全、国民经济，以及社会发展全局的重大战略问题。我国粮食生产主要集中在粮食主产区和产粮大县。粮食主产区和产粮大县一方面为国家的粮食安全做出了重要贡献，全体国民受益其中；另一方面粮食主产区和产粮大县因为发展粮食生产而放弃了种植经济作物、经营养殖业等其他能够带来更多经济收益的农业生产方面的机会。由于种粮比较效益低，粮食生产对地方财政的收入贡献少，"产粮大省（县）、经济小省（县）、财政穷省（县）"的尴尬局面和现实问题切实存在，因而严重影响了农民种粮和地方政府抓粮的积极性，长此下去，将不利于粮食生产的发展。

我国政府在2000—2003年国内粮食产量持续下降的情况下，根据粮食产销形势的新变化，2004年以来先后出台了一系列扶持粮食生产的政策措施。本书通过利用全国2000多个县2001—2013年粮食生产、农民收入以及地方财政收入等相关数据进行的实证分析，以及对黑龙江、吉林、河南、山东、新疆粮食生产情况的实地调查，研究近年来我国实施粮食补贴的做法和成效、积累的经验和教训，分析粮食生产的比较效益，评价粮食补贴政策对粮食生产、种粮农民收入、产粮大县财政收入，以及粮食主产区（县）粮食生产能力建设的政策作用效果。本书分析结果显示，2004年以来先后出台的一系列扶持粮食生产的政策措施，对粮食生产和农民收入的增长发挥了促进作用。上述政策效果的取得对我国粮食生产突破"三丰两歉"、"两丰一歉"的常态，实现粮食连续增产，以及对保障国家政治和社会稳定，实现国民经济又好又快发展，均发挥了巨大作用。但是，"产粮大省（县）、财政穷省（县）"的现实问题还没有从根本上得以破解。

我国人多地少、水资源严重短缺的基本国情，以及粮食生产基础条件仍然比较薄弱、农民种粮比较效益仍然偏低的实际情况，决定了要在今后长期保持粮食综合生产能力的稳定和不断提高，任务相当艰巨。本书通过系统深入分析，判断出现阶段建立和完善粮食主产区（县）利益补偿机制存在的突出矛盾与问题，梳理粮食主产区（县）利益补偿政策与农民收入、农民种粮积极性，以及与县级财政收入、政府抓粮积极性之间的重要关系，设计出适应新形势、新需求的合理可行的粮食主产区（县）利益补偿机制，提出可行的粮食支持政策优化方案，为进一步调动主产区（县）农民种粮、政府抓粮积极性，缓解粮食生产和经济发展之间的矛盾，保障国家粮食安全提供参考。

目　　录

目　录

目　录

第一章 导论

第一节 问题的提出

国以民为本，民以食为天，食以粮为源。粮食是国民赖以生存的必需品，粮食安全问题是关系国家安全、国民经济，以及社会发展全局的重大战略问题。我国人多地少、水资源严重短缺的基本国情，以及粮食生产基础条件比较薄弱、农民种粮比较效益偏低的实际情况，更加决定了保障国家粮食安全始终是安邦兴国的头等大事。

我国粮食生产主要集中在粮食主产区和产粮大县。粮食主产区和产粮大县一方面为国家的粮食安全做出了重要贡献，全体国民受益其中；另一方面粮食主产区和产粮大县因为发展粮食生产而放弃了种植经济作物、经营养殖业等其他能够带来更多经济收益的农业生产方面的机会。由于种粮比较效益低，粮食生产对地方财政收入的贡献少，"产粮大省（县）、经济小省（县）、财政穷省（县）"的尴尬局面和现实问题切实存在，严重影响农民种粮和地方政府抓粮积极性，长此以往不利于粮食生产的发展。

粮食补贴是当今世界许多国家，尤其是发达国家普遍采用的一项重要宏观调控政策，其宗旨和目的在于保护与促进本国粮食发展，维护本国粮食安全。我国政府在2000—2003年国内粮食产量持续下降的情况下，根据粮食产销形势的新变化，2004年以来先后出台了种粮农民直接补贴、农资综合补贴、良种补贴、农机具购置补贴、最低收购价政策、临时收储政策、一般服务支持政策，以及对产粮大县的奖励政策等一系列扶持粮食生产的政策措施。粮食安全问题的重要性，"产粮大省（县）、财政穷省（县）"这一现实问题的亟须解决，以及农民种粮和地方政府发展粮食生产积极性的亟须稳定和提高，迫切要求对现行粮食补贴政策的效果做出全面的评判。全面评价粮食补贴政策对种粮农民的收入和种粮积极性，对产粮大县的可用财力，以及对粮食主产区（县）能力建设作用效果如何，对建立科学、合理、可行的主产区（县）种粮农民收入补偿机制和区域经济保障机制，完善我国粮食补贴政策，夯实我国粮食安全根基，尽可能减少粮食安全问题的潜在风险具有重要参考价值。

本书对我国粮食补贴实施状况进行系统梳理，对我国县域粮食生产和社会经济发展的基本情况进行全面分析，对我国粮食补贴政策的作用效果进行实证评价，对粮食生产比较效益进行科学考证，对构建粮食主产区（县）利益补偿机制进行深入探讨，最后对完善我国粮食扶持政策提出对策建议。

第二节　文献综述

关于粮食补贴政策研究的相关文献非常丰富，归纳起来大致可以分为两类：一类是直接关于粮食补贴政策研究，例如关于粮食补贴的目标、补贴方式等方面的探讨；另一类是关于粮食主产区（县）利益补偿机制方面的探讨。

一　关于研究粮食补贴政策的文献综述

粮食作为农业产业的一部分，国内外对粮食补贴政策研究大都放在农产品支持政策体系下进行。近年来，为适应世界贸易组织农业协议的要求以及提高补贴效率，各国农业补贴政策变化的一个共同趋势是，由对流通领域补贴逐渐转向对生产领域补贴，减少或取消支持价格政策，实行对农民的直接收入补贴政策。直接收入补贴政策因其具有较高补贴效率和较小市场扭曲受到发达国家的青睐。

过去，在较长的一段时间内，我国将粮食补贴的重心放在流通领域，而农民作为粮食生产的主体却得不到直接受益，这在机制上不利于调动农民种粮积极性。特别是随着 20 世纪 90 年代先后出现的两次"卖粮难"现象，这一补贴方式的弊端愈加凸显，农民种粮积极性受到严重影响。基于此，我国从 2000 年开始研究改革粮食补贴方式，提出建立粮食直接补贴制度的初步设想，并于 2002 年在吉林东丰和安徽天长、来安三个县进行了种粮农民直接补贴试点，2004 年在全国全面实施种粮农民直接补贴（以下简称粮食直补）政策。随后，我国政府相继推出了农资综合补贴、良种补贴、农机具购置补贴、最低收购价政策、临时收储政策、一般服务支持政策，以及对产粮大县的奖励政策等一系列扶持粮食生产的政策措施，实现了粮食补贴重心从流通领域向生产者转变，逐步形成现行包括价格支持、生产补贴和一般服务支持相结合的粮食补贴模式。

虽然由于各国经济发展程度、粮食供求状况、农业人口比重等各不相同，粮食补贴的具体目标、方式等各有特点，存在一定差异，但是综合来看，国内外相关的文献主要可以划分为对粮食补贴目标、补贴方式、补贴规模、补贴效果和补贴作用路径的研究五个方面。

（一）对粮食补贴目标的研究

与国外补贴政策调控粮食数量、保障生产者利益，以及生态环境保护等多样化政策目标（Bicknell 等，1999；Feng 等，2005；秦富等，2003）相比，我国现行粮食补贴政策的目标相对单一和集中——保障国家粮食安全。虽然，有学者从不同角度，如黄祖辉和钱燕峰（2003）、刘进宝和刘洪（2004）从技术进步所产生的影响角度，赵德余和顾海英（2004）、高帆（2005）、张冬平和赵翠萍（2005）从供求均衡角度，分别论证了增产和增收两个目标存在一定的矛盾性，但是随着粮食补贴政策实施的逐步稳定和加强，研究者们对粮食补贴政策目标的认识逐步统一，即粮食补贴的预期目标是保持粮食生产的稳定，保障种粮农民经济利益，这些预期目标的核心就是国家粮食安全（高峰、王学真和羊文辉，2004；梁世夫，2005）。

（二）对粮食补贴方式的研究

国外对粮食补贴方式研究主要围绕补贴方式的创新开展，发达国家对粮食的补贴手段包括价格干预、收入补贴、投入支持等多种方式（秦富等，2003），在具体措施上各国不尽相同，各有侧重，但近年来总的趋势是逐步创新补贴手段，大力发展世界贸易组织许可的"绿箱"补贴政策（叶慧，2008）；但同时，学者们也发现，欧美在补贴政策由价格干预向直接补贴政策转变中，并没有放弃价格干预，甚至在某些时候还在强化（李刘冀，2006）。国内对粮食补贴方式的讨论也一直没有停止过，讨论较多的是关于价格支持和收入补贴如何选择的问题。虽然韩喜平和荀荔（2007）通过经济学理论分析认为，粮食直补比价格支持在增加农民收入方面更有效；但多数学者通过理论联系实际分析认为，粮食直补不能代替价格支持，我国须同时实行价格支持和收入补贴政策（李成贵，2004；赵德余和顾海英，2004；肖国安，2005；等）。

粮食直补政策是国内现行粮食补贴政策中实施最早的一项补贴政策，因此对现行粮食补贴政策具体补贴方式的关注也主要集中在对粮食直补政策方面。具体到粮食直补政策，政策执行之初主要补贴方式有四种：按粮食售量计算补贴，主要有河北、新疆、湖北、浙江等省（区）；按种植面积计算补贴，主要是山东等省；按照粮食订购量和应缴税额综合计算补贴，主要是河南等省；按农业税计税常产计算补贴，主要有内蒙古、江西和安徽等省（区）（吴成福，2006）。后期，部分省（区）补贴方式略有调整。补贴数额随意性大，省际补贴标准差距大，这成为诸多学者对补贴方式的合理性提出质疑的重要原因（李瑞锋、肖海峰，2006；文小才，2007；张照新、欧阳海洪和陈洁，2007；田建民和孟俊杰，2010）。虽然，补贴方式和补贴标准等多个方面的地区差异可以由各地的资源禀赋、经济发展水平以及政策改革的渐进性战略来解释（赵德余和顾海英，2004），但是多位学者的调研分析认为这些因素使政策实施效果与预期存在一定差距。王姣、肖海峰（2006）利用实证数学规划模型进行定量研究，结论认为，按计税面积补贴对农户粮食产量没有任何影响；同时，王金晖（2007）等的调查研究支持粮食补贴重点应是补贴种粮的农民。

（三）对粮食补贴规模的研究

对粮食补贴规模的研究主要涉及两方面：一是补贴规模测定方式，二是补贴规模适度性。根据世界贸易组织规定，补贴规模包括出口补贴和国内支持，后者包括"综合支持总量 AMS"、针对投资和投入品的"特殊和差别待遇"和"绿箱"补贴。由于各国提供的补贴方式有直接和间接之分，因此，准确测定补贴规模具有相当的难度（Ingco and Nash，2005），这也给判断各国补贴规模是否适度带来很大困难。而且，由于欧美等补贴大国试图将按照世界贸易组织规则需要削减的"黄箱"和"蓝箱"补贴转化为不承担削减义务的"绿箱"补贴，以及"蓝箱"补贴内涵的变化，使得实际补贴规模控制非常困难（张红玉，2010）。

2002 年我国粮食补贴政策试点以来，虽然中央和地方不断加大补贴力度，提高补贴金额，扩大补贴范围，但是，多数学者的研究都认为，无论从绝对水平来看，还是从相对水平来看，我国粮食补贴规模都不足，尤其与发达国家相比，我国粮食补贴力度明显偏低（王娇，2005；王玉斌、陈慧萍和谭向勇，2006；张国庆，2012；刘永芳，2013；梁淑华，2014）。并且，当前较小的种粮补贴资金规模，难以真正实现对农民利益的保障作用（张照新和陈金强，2007）；尤其当再考虑到生产资料成本上涨等因素，粮食补贴更显不足（田建民和孟俊杰，2010）。

（四）对粮食补贴效果的研究

国外现有研究大都支持农业直接支付政策是保护农民收入的有效政策工具的结论（Diamaran，Hertel and Keeney，2003；Moss and Schmitz，2003）。虽然已有研究对国内 2004 年之前的流通性补贴得到了较为一致性的评价结论，即我国粮食流通体制的缺陷使流通性补贴的利益大部分被国有粮食部门占有，国家负担了大量的成本，消费者没有得到好处，而流通性补贴的低效率使农民成为补贴政策中最大的输家（叶兴庆，2000；孙立刚，2002；邓大才，2003）；但是关于当前实施的粮食直补等相关政策实施效果的研究结论争论较大。

一方面，部分学者研究认为，粮食价格升高才是导致产量上升的原因（刘小春，2008；Nico，Marijke and Shi，2006；Lohmar and Tuan，2005），而当前的补贴政策对粮食产量、农民收入和农民种粮积极性影响甚微。例如，马彦丽和杨云（2005）基于河北省农户调研数据进行统计分析认为，粮食直补政策对农户的种粮面积扩大、农民收入的增加均影响较小；对农户单位面积粮食生产的投入量没有影响。李鹏和谭向勇（2006）通过对安徽省农户调研数据进行统计分析，认为粮食补贴政策对提高农民种粮收入有一定的作用，但由于补贴水平较低，粮食补贴发挥的作用不是很大。王姣和肖海峰（2007）通过利用河北、河南和山东3省的农户调查数据进行实证分析，认为当前的粮食补贴对粮食增产的促进作用很小。蒋和平和吴桢培（2009）依据对湖南省农户调查数据资料，通过统计分析对粮食补贴政策的绩效进行了评价，主要结论认为，按现行的粮食补贴并不能有效调动农民的种粮积极性，并不能够有效地促进种粮面积的增加。杜辉、张美文和陈池波（2010）通过对河南、湖北、广西和海南4省（区）农户调研数据进行统计分析，认为粮食补贴对粮食产量和农民增收均没有明显作用。黄季焜等（2011）通过利用河北、辽宁、陕西、浙江、湖北和四川6省农户调研数据进行实证分析，认为粮食补贴并没有促进粮食生产。董春玉和刘颖（2013）通过利用安徽省农户调研数据进行实证分析，认为由于粮食补贴金额越高的农户农业生产积极性越高，非农就业时间越短，在非农报酬率高于农业报酬率的情况下，农户总体收入水平就会降低，因此粮食补贴对农民收入具有负向影响。李韬（2014）通过利用河南省农户调研数据进行实证分析认为，虽然大部分农户对粮食补贴政策感到满意，但是，现行的粮食补贴政策并没有起到增加农户种粮意愿的政策设计初衷。

　　另一方面，部分学者经过经济学理论分析、定性分析，或者实证研究认为，当前的粮食补贴政策在影响粮食生产决策、提高粮食产量、增加农民收入方面发挥了重要作用。例如，韩喜平和荷荔（2007）通过理论分析认为，粮食补贴政策有利于粮食产量的增加和农民收入的提高。沈淑霞和佟大新（2008）通过对吉林省粮食生产和种粮农民收入等数据的统计分析认为，粮食直补政策的实施对粮食供给能力、国有粮食企业的市场化改革以及农民收入等都产生了一定的积极效应。周应恒、赵文和张晓敏（2009）通过模拟分析讨论了粮食补贴政策作用效果，结论认为，粮食补贴政策对粮食增产和农民增收起到了明显的作用。吴连翠和蔡红辉（2010）基于安徽省农户调研数据进行实证分析认为，粮食补贴政策的激励作用促进了农户粮食生产，能够起到确保国家粮食安全的作用。黄季焜等（2011）通过利用河北、辽宁、陕西、浙江、湖北和四川6省农户调研数据进行实证分析认为，粮食补贴的执行增加了农民收入。袁宁（2013）通过利用13个粮食主产区农户调研数据进行实证分析认为，粮食补贴政策对提高农民种粮积极性有积极的作用。杨万江和孙奕航（2013）通过利用浙江、安徽、江西3省水稻种植户调研数据进行实证分析，认为粮食补贴对农户水稻种植积极性有正向促进作用，规模较大的粮食生产大户的种植积极性比小户更高。张国庆（2012）、刘永芳（2013）、梁淑华（2014），以及刘鹏凌、李乾和栾敬东（2015）通过对我国粮食生产历史数据的统计分析，认为粮食补贴政策在促进粮食生产、提高农民收入等方面发挥了显著作用。李双、代诗云、费卫卫和万佳佳（2014）通过对湖北省粮食补贴执行情况和实施效果进行统计分析认为，粮食补贴在推动当地粮食生产的恢复和发展，以及提高当地农民种粮积极性等方面发挥了显著作用。于建霞、胥凤红和徐静（2014）通过利用山东省地市面板数据进行实证分析认为，粮食补贴对粮食产量起到了明显的促进作用。王欧和杨进（2014）通过利用全国各省农户跟踪调研数据进行实证分析，研究结果表明，粮食补贴政策对我国粮食生产起到了积极的推动作用。霍增辉、吴海涛和丁士军（2015）

通过利用湖北省农户跟踪调研数据进行实证分析认为，粮食补贴政策对种粮农户具有显著的增收效应，对粮食生产具有显著的增产效应。

（五）对粮食补贴作用路径的研究

在粮食补贴政策发挥积极作用得到肯定的同时，补贴政策对粮食产量的作用途径也成为学者们讨论的热点。张冬平和赵翠萍（2005）、盛艳（2006）、刘克春（2010）、吴连翠和蔡红辉（2010）等认为，补贴政策对粮食生产的影响主要是通过激励农户扩大粮食种植面积实现的；张照新和陈金强（2007）认为粮食补贴政策的影响路径是通过提高单位面积产量从而提高总产量；王欧和杨进（2014）认为，粮食补贴政策对农民粮食播种面积的扩大和资本投入都有显著的促进作用；陈慧萍、武拉平和王玉斌（2010）认为，粮食补贴政策主要通过影响资本投入进而影响粮食产量，虽然也影响土地投入，但是，对土地投入的影响较小，由于资本投入对产量影响的份额较小，而土地投入对产量影响的份额较大，最终补贴通过资本和土地两种途径对产量的影响程度基本相当；霍增辉、吴海涛和丁士军（2015）认为，粮食补贴政策的影响机制表现为：粮食补贴显著增加粮食生产的土地与流动资金投入，而对固定资产投资、农业劳动时间投入的影响不显著或较弱；耕地面积及固定资产等物质资本多、地理位置偏远的农户，其单位面积粮食产量、粮食播种面积、生产资金投入及农业劳动投入越多。

然而，也有学者认为，农户投入资金的增加主要是由于农资价格的提高（马彦丽和杨云，2005）。黄季焜等（2011）通过利用河北、辽宁、陕西、浙江、湖北和四川6省农户调研数据进行实证分析后，认为粮食补贴的执行几乎没有影响粮食播种面积与农资的投入。

二　关于研究粮食主产区（县）利益补偿机制的文献综述

早有学者提出我国必须建立粮食主产区（县）利益补偿机制这一问题（李瑞平和施鹏程，1994；王茂林，1996；颜宏晖，1998；祝美群和白人朴；1999），近期崔奇峰、周宁和蒋和平（2014）通过实证分析进一步证明了粮食主产区（县）利益补偿的必要性。但是，直至目前，专门针对粮食主产区（县）利益补偿机制进行系统研究的文献仍然较少。现有研究的观点主要涉及以下两个方面：

一是为什么要对粮食主产区（县）进行补偿。现有研究认为，在全国粮食安全中，粮食主产区（县）占有决定性地位，肩负保障全国粮食安全的义务，在很大程度上承担了为主销区提供粮食的义务，那么粮食的生产成本、流通成本完全由粮食主产区（县）负担就很不合理（杨光焰，2005）。而且，鉴于粮食生产低下的比较利益，从区域经济发展视角看，从事粮食生产也就意味着在资源配置上将会失去巨大的机会成本（田建民和孟俊杰，2010）。虽然目前对产粮大县实行奖励政策，但奖励力度远不足以弥补这些地区财力上的差距。而且，现行的粮食风险基金制度使粮食主产区（县）处于"产粮越多财政负担越重"的不利境地，也形成了"主产区（县）"补贴"非主产区（县）"的不合理现象（蒋和平和吴桢培，2009）。

二是如何对粮食主产区（县）提供补偿。研究者们一致认为，对粮食主产区（县）经济发展重视不够、补偿不足，因此如何对粮食主产区（县）提供补偿，提供什么样的补偿，成为需要思考和回答的问题。研究者们提出，要让粮食主销区承担更多的粮食安全责任，加大对粮食主产区（县）的财政扶持力度，加强粮食主销区和粮食主产区之间的横向财政转移支付（蒋和平和吴桢培，2009；平作炎，2010；丁声俊，2010；韩俊、徐小青和于保平等，2010）。

三　评述

粮食补贴政策一直是国内外研究的热点问题，我国现行粮食补贴政策作为维护国家粮食安全的重要手段，从酝酿阶段到部分地区试点，再到全国范围内普遍实施一直备受关注，关于我国粮食补贴政策的研究文献也较为丰富。现有文献对我国粮食补贴政策目标的认识基本一致，即粮食增产、农民增收；多数研究者认为，我国必须同时实行价格支持和收入补贴政策，而且目前收入补贴的力度远远不够。然而，在上述共识的基础上，现有文献对我国粮食补贴政策实施效果的认识存在较大争议。现有关于我国粮食政策效果评价的文献多侧重于定性分析；实证分析的文献相对较少，而且多是针对某一局部地区，缺乏从全国总体上对政策效果的评价。研究针对的时间点不同，涉及的粮食生产地区不同，以及采用评价方法不同，是已有文献对粮食补贴政策实施效果的评价结论不尽相同，甚至截然相反的主要原因。

通过对现有粮食主产区（县）利益补偿机制相关研究文献的梳理可以看到，虽然研究者们已就构建粮食主产区（县）利益补偿机制的必要性和紧迫性问题达成共识，但是由于目前的研究大多停留在定性分析的层面，缺乏坚实有力的定量分析，使这一问题的研究缺乏深度和系统性。

粮食安全是国家战略层面上的全局性问题，因此，更要从全国整体上把握粮食补贴政策的实施效果；而且，在评价粮食补贴政策效果的指标选择上，应该能够充分反映粮食生产补贴政策两大主要目标——增加粮食产量和提高农民收入。此外，粮食主产区（县）经济发展由于粮食生产比较利益低下，而在资源配置上失去巨大机会成本，那么粮食补贴政策促进了粮食生产，这是否进一步加剧了粮食主产区（县）经济发展利益的损失？又在多大程度加剧了这一损失？这是构建粮食主产区（县）利益补偿机制首先要明确的问题。因此，粮食补贴政策实施对粮食主产区（县）经济发展的影响，也应成为粮食补贴政策效果评价的一部分，更是研究粮食主产区（县）利益补偿机制问题不可或缺的一部分。

第三节　研究内容和数据来源

一　研究目标

总目标是系统地梳理和分析我国粮食补贴政策实施状况及存在的问题，从粮食生产、县域经济发展和农民收入三个层面实证评价我国现有粮食补贴政策的作用效果，构建科学、合理、可行的粮食主产区（县）利益补偿机制，提出切实可行的粮食支持政策优化方案，为缓解我国产粮大县经济发展、农民增收同粮食增产的矛盾提供相应的政策建议。

二 研究内容

本书通过利用全国 2000 多个县粮食生产、农民收入以及地方财政收入等相关数据的实证分析，以及对黑龙江、吉林、河南、山东、新疆 5 个省区粮食生产情况的实地调查，研究近年来我国实施粮食补贴的做法和成效、积累的经验和教训，分析粮食生产的比较效益，评价粮食补贴政策对粮食生产、种粮农民收入、产粮大县财政收入，以及对粮食主产区（县）能力建设的政策作用效果，研究现阶段建立和完善粮食主产区（县）利益补偿机制存在的突出矛盾和问题。通过系统深入的研究，理清粮食主产区（县）利益补偿政策与农民收入、农民种粮积极性，与县级财政收入、政府抓粮积极性之间的关系，设计适应新形势、新需求的合理可行的粮食主产区（县）利益补偿机制，提出切实可行的粮食支持政策优化方案，为进一步调动主产区（县）农民种粮积极性和政府抓粮积极性，缓解粮食生产和经济发展之间的矛盾，保障国家粮食安全提供参考。

归纳起来讲，本书拟解决的关键问题为：

（1）系统梳理和分析我国粮食补贴政策的实施状况，实证评价粮食补贴政策对粮食产量、对种粮农民的收入和种粮积极性，对产粮大县的可用财力实施效果，以及对粮食主产区（县）粮食生产能力建设取得的成效，并查找现阶段粮食主产区（县）利益补偿机制构建过程中存在的突出矛盾和问题。

（2）探讨构建中央和省级地方政府对粮食主产区（县）农户的利益补偿机制、中央和省级地方政府对产粮大县的利益补偿机制、主销区对主产区的利益补偿机制的途径，提出优化我国粮食扶持政策方案，为政府决策提供参考建议。

三 数据来源

本书在相关统计分析和实证分析中使用数据来源主要有三个方面：

一是统计年鉴：根据《中国县（市）社会经济统计年鉴》（2002—2013）和《中国县域统计年鉴》（2014），整理出 2001—2013 年产粮大县和非产粮大县共 2000 多个县的基本情况、粮食生产、县级财政收入等统计数据。

二是县域农村经济基础资料数据库：县域农村经济基础资料数据库的部分数据可以为统计资料《中国县（市）社会经济统计年鉴》和《中国县域统计年鉴》中缺少的相关统计数据做相应的补充。

三是实地调研：对黑龙江、吉林、河南、山东 4 省 1423 户农户 2012 年粮食生产以及其他家庭经营等成本收益的调查数据。

第四节　技术路线

本书基于我国粮食安全问题的重要性和保障粮食安全的艰巨性，从"产粮大省（县）、财政穷省（县）"的现状、粮食安全与农民收入的矛盾入手提出研究问题：我国粮食补贴政策对粮食生产、当地财政收入、农民收入是否产生影响？影响多大？本书首先对我国粮食补贴的政策实施状况，以及我国县域经济发展水平、粮食生产的现状进行统计分析，然后通过计量模型评价现有粮食补贴对粮食生产、县域经济发展和农民收入的作用效果，并结合实地调研情况的分析，提出构建粮食主产区（县）利益补偿机制和粮食扶持政策优化方案（见图 1-1）。

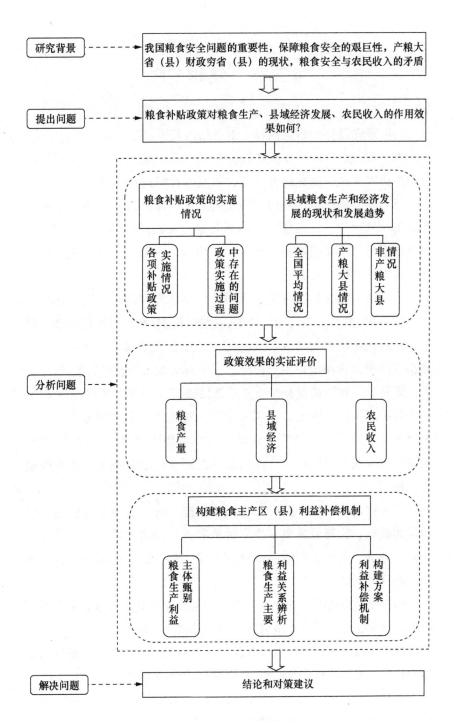

图 1-1　本书研究的技术路线

第五节　结构安排

基于研究目标和研究内容，本书结构安排如下：

第一章，导论。主要阐述研究背景和研究意义，回顾和评述已有相关研究文献，明确研究目标、研究内容和技术路线。

第二章，我国粮食补贴政策实施状况。深入探讨我国粮食补贴政策出台的背景，细致梳理我国现有粮食补贴政策的实施状况，系统总结近十年来我国粮食生产取得的成效，全面分析我国现有粮食补贴实施过程中存在的问题。

第三章，我国县域粮食生产和社会经济发展基本情况。通过分析我国2000多个县相关统计数据，把握县域社会经济发展的基本情况、县域粮食生产和财政收入的历史特征和变动趋势，比较产粮大县和非产粮大县在粮食生产和地方公共财政收入等方面的差异。

第四章，我国粮食补贴政策实施效果实证评价。利用我国2000多个县的相关统计数据，分别构建我国粮食生产影响因素方程、地方财政收入影响因素方程、农民收入影响因素方程，从粮食生产、地方财政收入和农民收入三方面对我国粮食补贴政策的作用效果做出定量评价。

第五章，我国粮食生产比较效益分析。利用全国宏观层面和微观层面数据，比较分析粮食生产经济效益与经济作物生产、畜牧业经营、务工、工业生产经济效益的差异，对粮食生产比较效益做出全面客观的判断。

第六章，构建粮食主产区（县）利益补偿机制。对粮食生产涉及的中央政府、主产区省级政府、产粮大县政府、种粮农民以及主销区政府五个利益主体的责任、义务及相互之间的利益关系进行辨析，提出构建我国粮食主产区和产粮大县利益补偿机制的基本框架。

第七章，完善我国粮食扶持政策的对策建议。基于本书分析结论，就完善我国粮食扶持政策提出相应对策建议。

第二章 我国粮食补贴
政策实施状况

我国政府从2000年开始研究粮食补贴问题，提出建立种粮农民直接补贴制度的初步构想，并于2002年进行补贴试点，2004年在全国全面实施。随后，又相继推出了农资综合补贴、良种补贴、农机具购置补贴、最低收购价、临时收储政策、一般服务支持政策，以及对产粮大县的奖励政策等一系列扶持粮食生产的政策措施。自2004年粮食补贴政策实施以来，各项补贴规模不断扩大，补贴政策不断完善，效果日益显现，但同时政策实施过程中也存在一些问题。本部分研究内容分析了我国粮食补贴政策出台的背景、实施状况，以及存在的问题。

第一节 我国现有粮食补贴政策出台的背景

一 粮食产量多年徘徊，乃至出现明显的下滑趋势

我国自古以来就是一个农业大国，但是，旧中国的农业发展水平极为低下，加上自然灾害和战乱等因素，温饱问题始终没有得到较好的解决，有80%的人口长期处于饥饿半饥饿状态（国务院新闻办公室，1996）。新中国成立以来，党和国家带领人民积极发展粮食生产。特别是1978年以后，中央率先进行农村改革，实行了以家庭联产承包为主的责任制和统分结合的双层经营体制，释放了广大农民长期被抑制的生产积极性，粮食生产得到显著发展，很快扭转了我国粮食供给长期严重不足的状况。到1983年，我国粮食总产量

达到了 3.87 亿吨，人均粮食产量达到 375.97 千克，在总体上基本解决了全国人民的温饱问题。随着农村改革政策效应的日益释放，粮食供给问题基本解决之后，到 20 世纪 90 年代初期，我国粮食开始出现了低水平的供给相对过剩，一些地方出现了"卖粮难"现象。为了缓解这一问题，国家采取建立国家专项粮食储备制度等措施，再加上粮食生产在这期间经历了 5 年的徘徊，"卖粮难"问题得到了缓解。1996 年，我国粮食总产量首次突破 5 亿吨，达到了 5.05 亿吨。1997 年略有减产，但仍是历史上第二个丰收年，粮食总产量达到 4.93 亿吨。1998 年和 1999 年这两年又都稳定在 5 亿吨以上。经过连续几年的高产，"卖粮难"问题再次出现，市场粮价持续下跌，严重挫伤了农民种粮积极性，一些地方政府也开始出现忽视粮食生产的倾向。同时，受自然灾害等因素的影响，从 2000 年开始我国粮食生产出现连年下滑。到 2003 年，我国粮食总产量下降到 4.31 亿吨，比历史上产量最高的 1998 年减少了 0.81 亿吨，减产幅度为 15.82%，回到了 1990 年之前的水平（见图 2-1）。

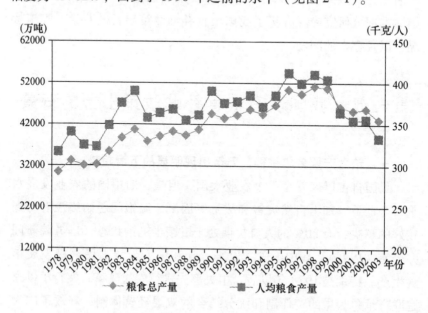

图 2-1　1978—2003 年我国粮食总产量和人均粮食产量

资料来源：《中国统计年鉴》（历年）。

二　粮食需求日益增长，供需矛盾不断加剧

一是人口持续增长。2003 年，我国粮食总产量退回到了 1990 年前的水平，但这十几年间，人口却仍以每年平均 1000 万的速度增长，粮食减少和人口增长使我国人均粮食占有水平大幅下降。到 2003 年，我国人均粮食产量下降到 333.29 千克，跌破了人均 360 千克的"温饱"线，回到了改革开放之初的水平。

二是饲料用粮大幅增加。改革开放以后，我国国民经济得到迅速发展，城乡居民收入持续增加，城乡居民肉、蛋、奶等动物源性食品消费水平明显提高。根据 FAO 统计数据（见图 2-2），到 2003 年，我国人均肉、蛋、奶消费量分别达到 46.73 千克、16.26 千克、15.38 千克，分别比 1978 年增长了 36.41 千克、13.93 千克、12.98 千克。人均肉、蛋、奶消费水平的上升，大大带动了饲料用粮的增长。

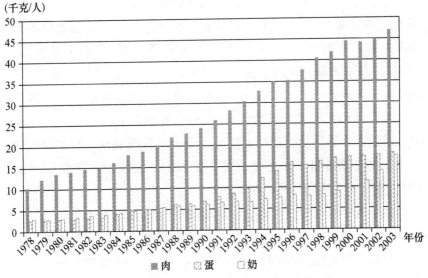

图 2-2　1978—2003 年我国人均肉、蛋、奶消费量

资料来源：FAOSTAT。

三　粮食综合生产能力下降，粮食安全形势严峻

随着温饱问题基本解决，特别是 20 世纪 90 年代初期和末期"卖粮难"现象的出现，我国放松粮食生产的倾向开始出现，并经过多年的积累，直接导致了我国粮食综合生产能力的下降。

一是粮食播种面积减少。人多地少是制约我国粮食安全的最主要因素。2000 年以来，随着农民种粮积极性的下降，粮食播种面积随之出现较大幅度的下滑。到 2003 年，粮食播种面积减少到 9941.03 万公顷，比改革开放以来粮食播种面积最多的 1998 年（11378.70 万公顷）减少 12.64%（见图 2-3）。

二是耕地质量下降。在我国耕地数量和播种面积不断下降的同时，耕地质量下降的问题也日益突出。首先，耕地的过度利用导致土壤基础地力下降。全国耕地有机质含量平均已降到 1%，明显低于欧美国家 2.5%—4.0% 的水平（封志明和李香莲，2000）。其次，耕地污染也日益严重。随着城市规模的扩大，特别是工业的发展，大量的工业废气、废水、废渣直接排放，加上农民长期大量不合理使用化肥，导致大量耕地被污染（陈印军、王晋臣和肖碧林等，2011）。

三是水资源严重短缺。我国是一个严重缺水的国家，人均淡水资源只有 2100 立方米，仅为世界平均水平的 28%，而且水资源分布不均衡，北方的一些主产粮区，水资源严重不足（国务院，2010）。总体来看，我国旱涝保收高标准农田比重较低（韩长赋，2011）。旱涝保收农田比重低，会导致农作物产量波动很大（陈印军、肖碧林和方琳娜等，2011）。此外，长期以来，由于我们环保意识薄弱和法律法规不健全且执行不力，水资源受到了相当程度的污染，水资源质量不断恶化，进一步加剧了灌溉用水的紧缺状况（曹宝明、李光泗和徐建玲等，2005）。

四是农田水利设施陈旧老化现象严重。20 世纪六七十年代，我国农村投入巨大人力物力，兴修农田水利基础设施，这对促进当时以及后期的粮食生产起到了积极的作用。然而，到 20 世纪八九十年代以及 21 世纪初，各地虽然也新上了一些水利工程，但原来的水利设施老化失修严重，实际上灌溉条件趋于恶化，抵御自然灾害的能力下降（段应碧和宋洪远，2005）。

五是农业科技推广工作困难重重。农业科技对粮食综合生产能力的支撑是不可或缺的，但是，在当时状况下，农技推广机构人员老化和不足，经费短缺，机制不活，许多增产增效的耕作栽培技术得不到应有的推广，这对当时粮食综合生产能力建设带来了不小的影响。

六是农民和粮食主产区（县）的种粮积极性受到影响。人的因素是影响粮食生产的第一位因素。由于种粮比较效益低下，加上几次"卖粮难"现象的影响，农民种粮积极性受到很大挫伤，许多农户把主要劳动力和劳动投入用在外出打工，或增加高效益经济作物的种植，对粮食作物的投入减少，粗耕粗种，有的甚至"撂荒"不种。对于粮食主产区（县）而言，扶持粮食生产不仅不能像发展工业项目那样带动经济发展，增加财政收入，还会加重财政的支农负担，因而地方政府重农抓粮积极性不同程度有所下降。

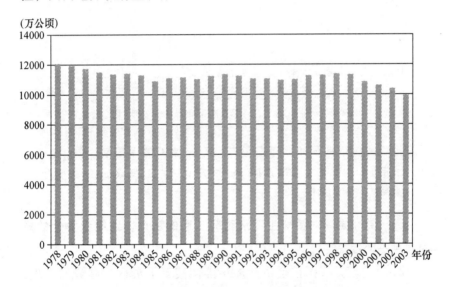

图 2-3　1978—2003 年我国粮食播种面积

数据来源：《中国统计年鉴》（历年）。

四　第二、第三产业长足发展，财政支持粮食生产能力增强

新中国成立后，我国就开始有计划地发展第二、第三产业。特别是党的十一届三中全会提出把全党的工作重点转移到以经济建设为中心上来和确定实行改革开放的政策以后，我国的第二、第三产业得到了快速发展，大大增强了国家财力，这为国家出台对粮食的补贴政策奠定了财力基础。2003 年，我国国内生产总值达到135822.76 亿元，其中，第二和第三产业产值总和达到 118441.04

亿元，分别比 1978 年增长 36.26 倍和 45.25 倍；国家财政收入达到
21715.25 亿元，比 1978 年增长了 19.18 倍。

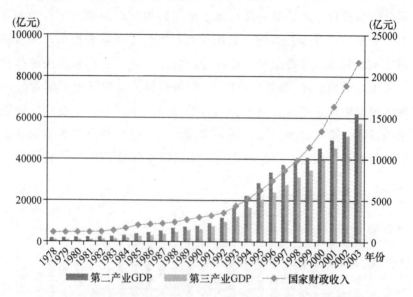

图 2-4 1978—2003 年我国第二、第三产业 GDP 和国家财政收入

注：左坐标轴对应第二、第三产业 GDP，右坐标轴对应国家财政收入。

资料来源：《中国统计年鉴》（历年）。

五　党和国家对粮食生产形势有了新的认识，对粮食安全的重视程度不断提高

21 世纪初，我国粮食生产多年徘徊甚至下滑这一趋势的出现，使党和国家对粮食生产乃至整个"三农"问题有了新的认识。2004年，党中央以"一号文件"的形式下发了《关于促进农民增加收入若干政策的意见》，提出：当前农业和农村发展中存在的突出矛盾和问题是农民增收困难。农民收入长期上不去，不仅影响农民生活水平的提高，而且影响粮食生产和农产品供给；不仅制约农村经济发展，而且制约整个国民经济增长；不仅关系农村社会进步，而且关系全面建设小康社会目标的实现；不仅是重大的经济问题，而且是重大的政治问题。要求按照统筹城乡经济社会发展，坚持"多予、少取、放活"的方针，并特别提出集中力量支持粮食主产区发

展粮食产业，促进种粮农民增加收入。自 2004 年以后，一直到 2015 年，中央连续发出了关于农业问题的 12 个"一号文件"。这 12 个"一号文件"，对"三农"问题，对粮食生产每年都有新认识，每年都有新政策。可以说，2004—2015 年是党中央、国务院对粮食生产乃至整个"三农"问题的认识不断深化的过程，也是对扶持粮食生产的政策力度不断加大和政策体系不断完善的过程。

第二节　我国现有粮食补贴政策实施状况

我国现行的粮食补贴政策，主要包括价格支持政策、种粮农民直接补贴政策、农资综合补贴政策、良种补贴政策、农机具购置补贴政策、产粮大县奖励政策、农业保险保费补贴政策，以及一般服务支持政策等。

表 2－1　　　　　　　　　我国粮食补贴政策概览

类别	政策名称	试点年份	正式实施年份
生产性补贴政策	种粮农民直接补贴政策	2002	2004
	良种补贴政策		2002
	农资综合补贴政策		2006
	农机具购置补贴政策		2004
	产粮大县奖励政策		2005
价格支持政策	粮食最低收购价补贴政策		2004
	临时收储补贴政策		2008
	目标价格政策	2014	—
灾害补偿补贴政策	农业保险保费补贴政策	2007	2012
一般服务支持政策	测土配方施肥技术支持政策		2005
	农业防灾减灾稳产增产关键技术补助政策		2012
	旱作农业技术推广应用支持政策		2010
	支持粮、棉、油高产创建政策		2009
	基层农技推广体系改革与建设支持政策		2008

资料来源：财政部网站（www. mof. gov. cn）和农业部网站（www. moa. gov. cn）。

我国粮食补贴政策效果评价及政策优化研究

一 价格支持政策

（一）最低收购价补贴政策

为保护农民种粮积极性，发展粮食生产，国家于2004年起实施粮食最低收购价格政策，当主要粮食价格低于最低保护价时，国有粮食企业按照保护价敞开收购农民余粮。自实行最低收购价补贴政策以来，国家为了让农民尽可能多地增加收入，减少生产成本上涨带来的支出压力，已连续多次调高最低收购价。2014年小麦（三等，下同）最低收购价为每500克1.18元，早籼稻、中晚稻和粳稻最低收购价分别为每500克1.35元、1.38元和1.55元。

（二）临时收储补贴政策

为调动农民发展粮油生产的积极性，保护农民利益，维护粮油市场稳定，国家于2008年在东北地区启动临时收储政策。近些年来，实行临时收储政策的粮油品种有小麦、稻谷、玉米、大豆、油菜籽等。临时收储政策是自2004年我国粮食购销市场全面开放以来继最低收购价补贴之后的又一项重要的粮食价格支持政策，其对农民种粮积极性也起到了有力的保护作用。2014年全国各类粮食企业粮食收购量首次突破3.50亿吨，总量达3.65亿吨，其中，最低收购价和政策性临时收储粮食1.24亿吨；各地落实国家粮食收购政策，通过提价托市、增加收购、优质优价、整晒提等、产后减损等措施，促进种粮农民增收550亿元以上（任正晓，2015）。

（三）目标价格政策

目标价格政策是在市场形成农产品价格基础上，释放价格信号，引导市场预期，通过价差补贴保护生产者利益的一项农业支持政策。2014年，国家启动新疆棉花、东北和内蒙古大豆目标价格试点。目标价格改革试点的主要内容：一是在全国范围内取消棉花、大豆临时收储政策。政府不干预市场价格，价格由市场决定，生产者按市场价格出售棉花、大豆。二是对新疆棉花、东北和内蒙古大豆实行目标价格补贴。种植前公布棉花、大豆目标价格。当市场价格低于目标价格时，国家根据目标价格与市场价格的差价对试点地区生产者给予补贴；当市场价格高于目标价格时，不发放补贴。三是目标价格补贴额与种植面积、产量或销售量挂钩。

二　种粮农民直接补贴政策

为调动农民种粮积极性，促进粮食生产稳定发展，我国于 2002 年在吉林东丰和安徽天长、来安三个县进行种粮农民直接补贴试点，2003 年补贴范围进一步扩大，安徽、吉林、湖南、湖北、江苏、河南、内蒙古、河北、江西、新疆、浙江、广东和贵州 13 个省（区）在全省或部分县（市、区）实行了种粮农民直接补贴，2004 年种粮农民直接补贴政策在全国全面实施。种粮农民直接补贴简称粮食直补。在补贴方式上，当前主要有四种：一是按照农村税费改革时核定的农业税计税土地面积进行补贴；二是按照计税常产进行补贴；三是按照粮食种植面积进行补贴；四是按照农民交售的粮食数量进行补贴。多数地区按照计税面积进行补贴，并采用财政惠农"一折通"或"一卡通"的形式将补贴资金直接兑付给种粮农民。粮食直补资金从粮食风险基金中安排。粮食风险基金由中央财政和地方财政共同负担，后来，国家逐步取消粮食主产省（区、市）粮

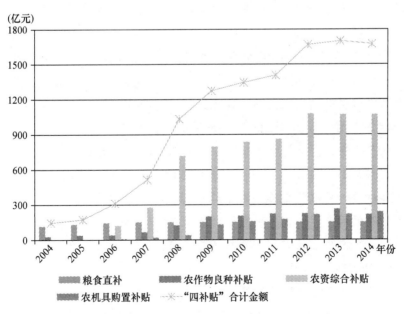

图 2－5　2004—2014 年我国粮食"四补贴"政策资金

资料来源：财政部网站（www. mof. gov. cn）和农业部网站（www. moa. gov. cn）。

食风险基金的地方财政配套。2004 年中央粮食直补资金 116 亿元，2007 年增加到 151 亿元，此后到 2014 年一直维持在 151 元的水平。

三 良种补贴政策

为鼓励农民使用良种，提高良种覆盖率，增加农产品产量，改善农产品品质，2002 年，中央财政设立了农作物良种补贴资金。补贴按照"政策公开、直补到户、据实结算"的原则和中央规定的补贴标准，以及农户实际种植品种和种植面积对特定农作物进行补贴。自 2002 年实施良种补贴政策以来，国家不断扩大良种补贴规模，提高良种补贴标准。在补贴品种上，2002 年仅对东北地区高油品种大豆实施补贴，2003 年增加对小麦的补贴，2004 年增加对水稻和玉米的补贴，2007 年增加对油菜和棉花的补贴，2010 年增加对青稞的补贴，2011 年增加对马铃薯和花生的补贴试点。良种补贴品种增加的同时，补贴范围也不断扩大。到 2011 年，水稻、小麦、玉米和棉花良种补贴在全国 31 个省（区、市）实行全覆盖，大豆良种补贴在辽宁、吉林、黑龙江和内蒙古 4 省（区）实行全覆盖，油菜良种补贴在长江流域冬油菜主产区全覆盖，青稞良种补贴在藏区全覆盖；2012 年花生良种在 12 个花生主产省（区）全覆盖，2014 年马铃薯良种在 14 个主产省（区、市）全覆盖。自良种补贴实施以来，补贴标准基本稳定。2014 年，小麦、玉米、大豆、油菜和青稞良种补贴为每公顷 150 元，其中新疆地区的小麦良种补贴每公顷 225 元；水稻、棉花良种补贴为每公顷 225 元；花生良种补贴为大田生产每公顷补贴 150 元，良种繁育每公顷补贴 750 元；马铃薯良种补贴为每公顷 1500 元。2011 年以来，中央财政每年安排的农作物良种补贴资金稳定在 200 亿元以上，2014 年达到 214.45 亿元，有效地推广了农作物良种良法，有力地促进了粮食稳定增产和农民持续增收，已成为一项提升粮食综合生产能力的重大支农政策（财政部农业司，2014）。

四 农资综合补贴政策

我国于 2006 年开始实施农资综合补贴政策，即对种粮农民因化肥、柴油、农药等农业生产资料增支而实行的综合性直接补贴，政策目的是缓解化肥、柴油等农业生产资料价格的持续上涨对农民种粮的影响，降低农民的种粮成本。补贴资金是利用已经建立的粮食直补渠道，一次性直接拨付种粮农民。2009 年，财政部、发展改革委、农业部为贯彻《中共中央关于推进农村改革发展若干重大问题的决定》精神，在总结前几年实践经验的基础上，又下发了《关于进一步完善农资综合补贴动态调整机制的实施意见》。《意见》确定，进一步完善农资综合补贴动态调整机制的总体目标是根据化肥、柴油等重要农资价格上涨情况，在综合考虑当年粮价变动促农增收基础上，中央财政合理安排农资综合补贴，实行动态调整，弥补农民种粮的农资增支，保护农民利益，调动农民种粮积极性；进一步完善农资综合补贴调整机制的基本原则是"价补统筹、动态调整、只增不减"。动态调整的初始基期参考 2008 年农资价格水平，考虑有关因素确定。以后年份，农资价格上涨，全国粮食单位面积化肥、柴油支出高于初始基期水平，则以该年作为新的基期年，基期滚动调整。国家综合考虑当年农资价格和粮食价格变化以及国家财力情况，确定次年农资综合补贴规模。与基期相比，当年化肥、柴油价格上涨影响农民种粮增支较多时，在基期补贴存量基础上适当增加农资综合补贴；当年农资价格变动影响农民种粮增支基本不增加时，原则上保持基期补贴存量不变；连续三年粮食单位面积化肥、柴油支出不高于基期水平，可以统筹当年财力情况适当增加农资综合补贴。根据这一调整机制，2009 年之后，国家已连续几次对农资综合补贴规模进行了调整，2014 年中央财政安排的农资综合补贴为 1071 亿元，比 2006 年的 120 亿元增加了近 1000 亿元。

五　农机具购置补贴政策

提高农业机械化程度是有效提高农业生产效率、提高粮食生产水平的重要手段。为鼓励农民购买先进适用的农业机械，改善农业装备结构，推进农业机械化进程，增强农业综合生产能力，促进农业增产增效，加快现代农业发展，按照党中央、国务院的部署，财政部、农业部于 2004 年共同启动实施了农机购置补贴政策，对农民和农业生产经营组织购买国家支持推广的先进适用的农业机械给予补贴（见表2-2）。补贴对象提出购机申请，通过资格审查签订购机补贴协议，农民只需要缴纳扣除补贴金额后的差价款即可提货，补贴资金由财政部门统一与供货方结算。中央财政农机具购置补贴资金来源于中央财政设立的购置补贴专项资金及地方财政配套资金。中央财政农机具购置补贴资金实行定额补贴，即同一类、同一档次农业机械在省域内实行统一补贴标准。2004年当年中央财政安排了0.70亿元的补贴资金在66个县实施。此后，中央财政不断加大投入力度，补贴资金规模连年大幅度增长，实施范围扩大到全国所有农牧县和农场。2014年，中央财政安排农机购置补贴资金237.55亿元，补贴机具包括12大类48个小类175个品目，并且，在此基础上，各地还可在12大类内自行增加不超过30个其他品目列入中央资金补贴范围。2014年全国农机购置补贴受益农户327.90万户，补贴购置各类农业机械365.80万台（套）。在农机购置补贴政策的推动下，全国农机装备水平和农机作业水平快速提高，增产增效型、资源节约型、环境友好型的农机化新技术加快推广使用。2014年，全国农业机械总动力达到10.81亿千瓦，全国农作物耕种收综合机械化水平达到61.60%；全国全年新增精少量播种、保护性耕作等农机化新技术推广面积达7.50亿亩，全国全年完成深松整地作业面积1.63亿亩（农业部，2014；国家粮食局，2015）。2004年以来，农机购置补贴政策的稳定连续实施，使我国农业机械化进入了健康发展的快车道，有效缓解了青壮年劳动力短缺的突出矛盾，有力地保障了农业稳定发展，为提高农业生产效率，增强农业综合生产能力，保障我国粮食安全和促进农民增收，提供了坚实的装备技术支撑。

表2-2　　　　2004—2014年农机具购置补贴政策实施情况

年份	资金情况		实施情况	
	当年总量（亿元）	较上一年增量（亿元）	省份（个）	县数（个）
2004	0.7	0.7	16	66
2005	3.0	2.3	31	500
2006	6.0	3.0	31	1126

年份	资金情况		实施情况	
	当年总量（亿元）	较上一年增量（亿元）	省份（个）	县数（个）
2007	20.0	14.0	31	1716
2008	40.0	20.0	31	覆盖全部农牧业县
2009	130.0	90.0	31	覆盖全部农牧业县
2010	150.0	20.0	31	覆盖全部农牧业县
2011	175.0	25.0	31	覆盖全部农牧业县
2012	215.0	40.0	31	覆盖全部农牧业县
2013	217.5	2.5	31	覆盖全部农牧业县
2014	237.5	20.0	31	覆盖全部农牧业县

资料来源：财政部网站（www.mof.gov.cn）和农业部网站（www.moa.gov.cn）。

六　对产粮大县奖励政策

为了缓解产粮大县财政困难，调动地方政府抓好粮食生产积极性，保护好国家粮食安全的基础，根据《中共中央国务院关于进一步加强农村工作提高农业综合生产能力若干政策的意见》（中发〔2005〕1号）的有关要求，2005年中央财政开始实施对产粮大县的奖励政策，当年奖补资金55亿元。中央财政对产粮大县的奖励，坚持"测算到县、拨付到县"的原则。奖励办法把粮食商品量、粮食产量、粮食播种面积作为奖励资金发放的依据因素，粮食商品量、粮食产量、粮食播种面积三个因素所占权重为50%、25%、25%。奖励入围条件是：以县为单位，1998—2002年五年平均粮食产量大于20万吨，且粮食商品量大于0.50万吨；对达不到上述条件，但对区域内的粮食安全起着重要作用，对粮食供求产生重大影响的县，由省级财政部门牵头，会同省级农业等部门提出意见，经省级人民政府批准，并报财政部认可后，也可纳入奖励范围。2012年中央财政对产粮大县资金分配方法和奖励对象进行了调整和完善，把粮食商品量、粮食产量、粮食播种面积三个因素所占权重调整为60%、20%、20%。新奖励办法中，奖励范围包括常规产粮大县和超级产粮大县。对常规产粮大县，主要依据2006—2010年五年平均粮食产量大于20万吨，且商品量大于0.50万吨来确定；对虽未达到上述标准，但在主产区产量或商品量列前 15 位，非主产区列前 5 位的县也可纳入奖励；除上述两项标准外，每个省份还可以确定 1 个生产潜力大、对地区粮食安全贡献突出的县纳入奖励范围；常规产粮大县奖励资金与省级财力状况挂钩，不同地区采用不同奖励系数，产粮大县奖励资金由中央财政测算分配到县，常规产粮大县奖励标准为 500 万—8000 万元，奖励资金作为一般性转移支付，由县级人民政府统筹使用（农业部产业政策与法规司，2013）。在常规产粮大县奖励基础上，中央财政对 2006—2010 年五年平均粮食产量或商品量分别列全国 100 名的产粮大县，作为超级产粮大县给予重点奖励，奖励资金由省级财政用于支持本省粮食生产和产业发展（农业部产业政策与法规司，2013）。2005 年产粮大县奖励政策实施以来，中央财政不断加大奖补力度，2014 年增加到 351 亿元，10 年累计拨付奖励资金 1940.2 亿元。

七　农业保险保费补贴政策

包括粮食生产在内的整个农业生产受自然灾害的威胁和危害很大，为有效降低自然灾害所造成的损失，世界上相当多的国家都实行了农业保险保费补贴政策。农业保险保费补贴是指财政对农业保险业务的保费给予一定比例的补贴，补贴的对象是投保农户。农业保险损失频率和损失程度较高，要实现农业保险业务的财务平衡，保险费率很高，靠农民自身难以承担。因此，需要财政提供一定比例的补贴，缓解农业保险的供需矛盾，使保费达到保险公司和农民都能接受的水平。为帮助农户提高抗御自然灾害的能力，借鉴国外农业灾害保险经验，我国于 2007 年开始在 6 省（区）开展中央财政农业保险保费补贴政策试点，2012 年在全国推开。我国的农业保险费补贴实行中央财政、省级财政、县级财政共同分担办法。在补贴品种上，中央财政补贴险种逐步由最初的 5 个种植业品种增加至种植、养殖和林业 3 大类 15 个品种，基本覆盖了关系国计民生和粮食安全的主要大宗农产品，并鼓励地方开展特色险种。在补贴比例上，中央财政先后多次提高农业保险保费补贴比例，不断加大补贴力度。对种植业保险，中央财政保费补贴比例由 25% 提高至 35%—

65%（中西部的补贴比例为 40%，东部地区的补贴比例为 35%，新疆生产建设兵团、中央直属垦区、中储粮北方公司、中国农业发展集团有限公司的补贴比例为 65%），各级地方财政为 40%—45%，其中省级财政至少为 25%，其余主要由县级财政负担，农民负担比例平均为 20%。2007—2013 年，我国农业保险承保主要农作物从 1533.33 万公顷增加到 7373.33 万公顷，中央财政累计投入农业保险保费补贴资金 487.88 亿元，带动参保农户 9.74 亿户次，提供风险保障 4.09 万亿元，撬动比例超过 70 倍，累计向 1.20 亿次的农户支付赔款 759 亿元，为及时恢复农业再生产提供了有力的资金保障，发挥了较好的强农惠农政策效果（发改委农村经济司，2014；财政部金融司，2013；财政部金融司，2014）。

八　一般服务支持政策

从广义上讲，农业补贴政策除生产者支持政策外，还包括公共财政为支持农业生产、农村发展所提供的公共产品服务支出，即一般服务支出项目（GSSE）。我国目前一般服务支持项目包括农业综合开发项目、农业基础设施建设、农技推广体系建设、农业科技应用补助、劳动力转移培训阳光工程、新型农民科技培训工程、农民专业合作社支持项目、现代农业示范项目等。一般服务支持项目中的大多数项目都与提高粮食生产综合能力密切相关，是对种粮农民不可或缺的直接或间接支持。2004 年以来，中央财政不断加大对一般支持项目的支持力度，特别是加大了对农田水利建设、中低产田建造、农业科技推广等与粮食生产直接相关方面的支持力度。

（一）农业科技推广应用支持政策

多年来，国家先后启动一系列农业科技推广应用支持政策，大力提高对粮食及整个农业生产的科技支撑能力。

一是测土配方施肥技术支持政策。2005 年以来，中央财政累计投入 78 亿元，支持农民科学施肥，提高肥料利用率，推动农业节本增效，减少过度施用化肥造成的耕地质量下降、土地板结等问题。经过近十年来的支持和推广，2014 年测土配方施肥面积达到 1 亿公顷，主要粮食作物基本实现全覆盖（韩长赋，2015）。据统计，通过实施该项技术，化肥利用率普遍提高 5 个百分点，粮食作物单产普遍提高 6%—10%，十年时间减少不合理施肥 1000 多万吨（财政部农业司，2014）。

二是农业防灾减灾稳产增产关键技术补助政策。2012 年，中央财政安排资金 61 亿元，全面启动了农业防灾减灾稳产增产关键技术补助政策，通过补贴鼓励农民大面积应用经过实践证明的能够有效预防和减轻灾害损失、促进粮食稳产增产的重大技术，主要包括：在小麦主产区全面实施"一喷三防"补助，在东北地区实施水稻大棚育秧补助，在南方早稻主要产区实施早稻集中育秧补助，在东北启动抗旱"坐水种"补助，在西南实行玉米地膜覆盖种植补助，在粮食主产区实行农作物病虫害专业化统防统治补助等。2013—2015 年，中央每年都安排 60 多亿元资金，使上述关键技术应用补贴常态化。

三是旱作农业技术推广应用支持政策。中央财政自 2010 年开始安排专项资金支持旱作农业技术的推广应用；至 2015 年，中央财政累计投入专项资金 48 亿元。在中央财政支持和引导下，我国旱作农业种植技术得到了创新和发展，促进了我国华北、东北、西北旱区农业生产方式的改变，有效地提高了耕地综合生产能力（财政部农业司，2015）。

四是支持粮、棉、油高产创建政策。为集成推广先进实用技术，在更大规模、更广范围、更高层次上开展粮、棉、油高产创建活动，中央财政自 2009 年开始，专项安排粮、棉、油高产创建补助资金。2009 年当年安排补助资金 5 亿元，用于支持建设 2600 个粮、棉、油高产创建万亩示范片，其中粮食作物高产创建万亩示范片 2050 个，包括水稻、小麦、玉米示范片各 600 个，马铃薯 100 个，大豆 150 个（农业部，2009）。自 2011 年开始，国家决定每年选择约 50 个县、500—600 个乡镇开展整建制高产创建试点。到 2013 年，全国已建设万亩示范片 13000 多个。2013 年开始，在总结高产创建经验的基础上，农业部又在全国组织开展了粮食增产模式攻关活动，集成推广区域性、标准化高产高效技术模式，辐射带动更大范围、更大面积均衡增产（农业部，2014）。此外，中央财政还安排专项资金，支持保护性耕作、深松整地、秸秆还田、土地有机质提升等增产技术推广应用。

（二）基层农技推广体系改革与建设支持政策

自 2009 年开始，国家启动了"基层农技推广体系改革与建设示范县项目"支持政策，至 2015 年，国家累计投入专项补助资金 102 亿元，主要用于支持项目县深化基层农技推广体系改革，完善以"包村联户"为主要形式的工作机制和"专家 + 农业技术人员 + 科技示范户 + 辐射带动户"的服务模式，培育科技示范户，实施农技推广服务特岗计划，开展农技人员知识更新培训，建立健全县乡村农业科技试验示范网络，全面推进农业科技进村入户（农业部产业政策与法规司，2014，2015）。

（三）支持新型经营主体发展适度规模经营

为提高土地利用率、资源利用率和劳动生产效率，促进粮食等农业生产开展适度规模经营，国家先后出台了诸多扶持家庭农场、专业大户、农民合作社、农业产业化龙头企业等新型经营主体发展的政策措施。其中，2007 年以来，中央财政累计投入农民合作社发展补助资金 88.50 亿元，而且补助力度逐年加大。2014 年，中央财政对农业合作社的补助资金达到 20 亿元，比"十二五"初期增加了一倍多。各级政府还实行了产粮大户奖励政策、土地流转鼓励政策等扶持新型经济主体发展。例如，江苏省 2011 年安排 1000 万元，用于扶持农村土地流转，促进农业适度规模经营，而且既鼓励符合条件流入方，也鼓励符合条件流出方。截至 2014 年年底，全国农村家庭承包耕地流转总面积超过 2666.66 万公顷（4 亿亩），流转面积占比超过 30%。截至 2015 年 6 月，全国家庭农场超过 87 万家，农民合作社超过 140 万家，农业产业化龙头企业超过 12 万家，新型农业经营主体已成为粮食生产和现代化农业建设的生力军（韩长赋，2015）。

（四）农业综合开发

农业综合开发工作自 20 世纪 80 年代末实施以来，以确保国家粮食安全、带动农业增效农民增收为宗旨，充分发挥财政支农惠农作用，有力地促进了粮食及整个农业综合生产能力的提升。尤其是

"十二五"以来，农业综合开发累计投入财政资金 2070.86 亿元，年均增长 11.99%，改造中低产田、建设高标准农田 720.00 万公顷，改造重点中型灌区 581 个，新增和改善灌溉面积 840.00 万公顷，治理小流域 41.86 万公顷，新增粮食生产能力每公顷 1500 千克（亩均 100 公斤）以上，通过实施高标准农田建设项目每年每公顷增收近 4500 元（卢贵敏，2015）。

（五）国家农业现代化示范区建设

为了加快农业现代化建设，2010 年以来，农业部分三批在全国范围内认定了 283 个国家现代化农业示范区，对每个示范区给予 1000 万元左右的奖补扶持。根据农业部新闻办（2015）发布的统计数据，283 个示范区粮食总产量达 2.37 亿吨，占全国粮食总产量的 39.30%，农作物耕种收综合机械化水平达 72.40%，比全国平均水平高 14 个百分点。

（六）农业水利基本建设

2004 年以来，国家不断加大农业水利建设投入力度。特别是 2011 年"中央一号文件"《中共中央、国务院关于加快水利改革发展的决定》提出"力争今后 10 年全社会水利年均投入比 2010 年高出一倍"要求之后，各级财政对水利投入的总量和增幅明显提高。2011—2014 年，全国各级财政投入水利的资金总计 12614.81 亿元。其中，2014 年投入 3882.62 亿元，比 2010 年增加 2159.22 亿元，增长 125.29%。多年来，各级政府在加强大中型水利工程及其配套工程建设的同时，突出了抓小型农田水利建设。2009 年，国家全面实施小型农田水利重点县建设，至 2014 年中央财政累计投入资金达到 768.41 亿元，全国已建和在建的小型农田水利重点县达 1950 个，已基本覆盖农业大县并向牧区大县延伸。此外，国家还根据黑龙江、吉林、内蒙古、辽宁东北四省区在全国粮食生产中日益凸显的重要性，自 2012 年启动东北四省区"节水增粮行动"，大力发展高效节水灌溉，计划用四年时间发展高效节水灌溉面积 253.33 万公顷，总计投入 380 亿元。"节水增粮行动"完成后，预计将新增粮食产量 1000 万吨，年均节水 29 亿立方米，农民每年增加收入 160

多亿元（财政部农业司，2012）。

第三节　近十年来我国粮食生产取得的成效

新中国成立初期以及之后一个较长时期内，由于我国工业基础薄弱，国家财力严重不足，我国当时也只能实行"取之于农"的政策，通过农业特别是粮食产业的发展，为工业和城市发展提供财力支持和粮食等农产品的供应保障。后来，随着工业的发展和国家财力的增强，虽相继出台过一些支农政策，但"取之于农"的总格局没有质的变化。基于我国粮食生产出现的严峻形势，基于保障国家粮食安全的需要，基于国家财力的增强，也基于思想认识的变化，我国自2004年开始形成包括实行粮食补贴在内的现行农业补贴政策。先是2004年的中央一号文件提出要按照统筹城乡经济社会发展的要求，坚持"多予、少取、放活"的方针，再到2006年的"中央一号文件"提出"实行工业反哺农业、城市支持农村"，"加快建立以工促农、以城带乡的长效机制"，"坚持'多予、少取、放活'的方针，重点在'多予'上下功夫"，我国长期实行的"取之于农"的政策才发生了质的变化。这是一个巨大的历史性转变。自2004年国家开始实施粮食扶持政策以来，经过全国上下十年来的持续努力，我国粮食综合生产能力跃上了一个新台阶。

一　种粮生产积极性明显提高

2004年以来，国家先后实行了粮食直接补贴、良种补贴、农资综合补贴、农机具购置补贴的"四补贴"政策，以及最低收购价政策、临时收储政策、农业保险保费补贴等政策，并不断扩大补贴范围，提高补贴标准，且于2006年全面取消了农业税。2014年，仅中央财政拨付的"四补贴"就达到了1672.95亿元。一系列政策的实施，使农民得到实惠，促进了粮食播种面积的扩大，并带动了购置农机具等粮食生产投入的增加。2014年，粮食播种面积达到11272.30万公顷，比2003年增加1131.26万公顷；农业机械总动力为 10.76 亿千瓦，比 2003 年增加 4.72 亿千瓦。同时，全国涌现出一大批种粮大户和家庭农场。

二 粮食生产能力不断提升

过去我国粮食产量丰歉交替频繁，"三丰两歉"或"两丰一歉"为常态。自 2004 年国家实行一系列扶持粮食生产的政策以来，创历史性地保持了"十一连增"（见图 2-6）。到 2011 年，粮食总产量就达到了 57120.85 万吨，提前九年实现国家到 2020 年新增 1000 亿斤粮食生产能力的规划。[①] 2014 年，全国粮食总产量达到 60702.60 万吨，比 2003 年增加 17633.47 万吨，增长 40.94%。同时，自 2004 年以来，粮食单产水平基本上是年年都有新提高。2014 年，粮食单产达到 5385.15 千克/公顷，比 2003 年增加 1052.65 千克/公顷，增长 24.30%。其中，稻谷、小麦、玉米单产分别达到 6810.70 千克/公顷、5243.17 千克/公顷、5817.04 千克/公顷，分别比 2003 年增长 12.38%、33.35%、20.87%。

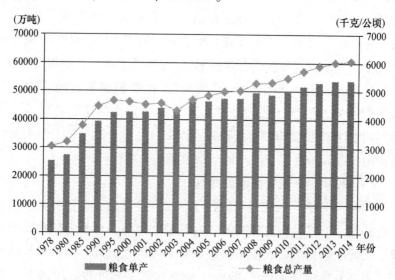

图 2-6 1978—2014 年我国粮食单产和粮食总产量

资料来源：《中国统计年鉴》（历年）。

---

① 《全国新增 1000 亿斤粮食生产能力规划（2009—2020 年）》（发改委，2009）提出到 2020 年全国新增 1000 亿斤粮食生产能力的规划目标。

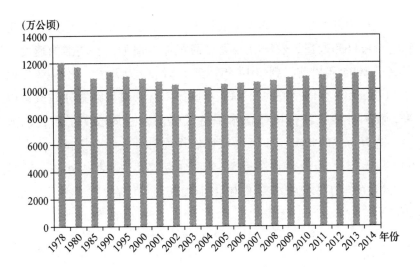

图 2 - 7   1978—2014 年我国粮食播种面积

资料来源：《中国统计年鉴》（历年）。

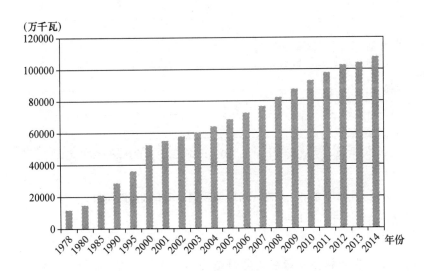

图 2 - 8   1978—2014 年我国农业机械总动力

资料来源：《中国统计年鉴》（历年）。

三 农业生产设施条件显著改善

2004 年以来，国家及地方政府加大了对农田基础条件建设的投入，改造中低产田，兴修新的水利工程，以及对年久失修的水利工程进行维修和改造，农田有效灌溉面积逐年增加，且增加的速度明显高于 2004 年以前，到 2014 年达到 6572.30 万公顷，比 2003 年增加 1170.88 万公顷。同时，2004 年国家实行农机具购置补贴政策以来，我国耕种收综合机械化水平持续提高，总体改变了以往以人力、畜力为主的状况。2014 年我国农作物耕种收综合机械化水平在 60% 以上，比 2010 年提高近 30 个百分点，其中水稻、小麦、玉米三大粮食作物耕种收综合机械化率均超过 75%（王宇和王文静，2015）。

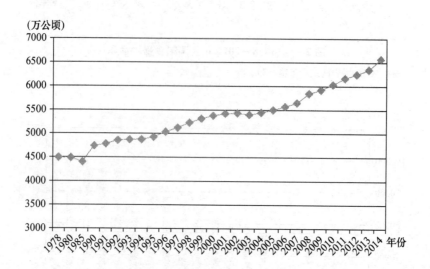

图 2 - 9 1978—2014 年我国农田有效灌溉面积

资料来源：《中国统计年鉴》（历年）。

四　农业科技支撑能力显著增强

2004 年以来，国家和地方政府加大科技投入，培育出一大批新品种，对农作物栽培技术进行了创新、改进，并不断完善基层科技推广体系和机制，使之得到较好的推广应用。根据农业部统计数据，2014 年我国主要农作物良种覆盖率达到了 96% 以上，农业科技进步贡献率达了 55.60%（农业部，2014）。

第四节　我国现有粮食补贴政策
实施过程中存在的问题

现行粮食补贴政策是在过去"取之于农"到现在"工业反哺农业、城市支持农村"这一历史转变中形成的，而任何历史性转变都是一个不断探索、不断完善的过程。现行的粮食补贴政策的实施，既具有很强的理论性，也具有很强的实践性，其从渐成雏形到比较完善，离不开认识的不断深化和实践的探索、检验及修正，因此，其在实施过程中必然存在一些不足，主要表现为以下几个方面：

一　粮食补贴政策力度不够大

从宏观上讲，中央财政和地方财政用于粮食补贴的资金每年都有增加，但增长的幅度仍然偏少。现有的中央和地方财政用于粮食补贴的资金总量远不适应我国当前粮食生产特别是长远发展的需要，远不能满足改变产粮大县财政困难状况的需要。从微观上讲，单位面积粮食补贴力度偏低，而且缺乏规模效益。以 2014 年为例，中央财政向各省（区、市）拨付粮食直补资金 151 亿元、农资综合补贴资金 1071 亿元、农作物良种补贴资金 214.45 亿元、农机购置补贴资金 237.5 亿元、产粮大县奖励资金 351 亿元、粮食收购政策（最低收购价和政策性临时收储粮食）资金 550 亿元，资金总额达到 2404.95 亿元，但如果以全国 1.20 亿公顷农田为基数，平均每公顷地补贴金额大约为 2000 元。与发达国家每公顷耕地补贴 12000—18000 元相比，我国粮食补贴力度明显偏低（梁淑华，2014）。此外，我国人均占有耕地不到美国 1/6，人多地少，绝大多数农户土地面积特别是种粮面积有限，缺乏规模效益，现有的补贴力度既无法有效改变种粮比较效益低下的状况，也难以让大多数农户依靠种粮可以获得维持生存和发展的必要收入，对保护和调动广大农民种粮的积极性所起到的作用远不够理想。

二 部分政策实施的成本过高

我国粮食补贴名目多而杂，按照粮食品种分为对水稻、小麦、玉米等的补贴，按区域范围分为主产县市、省和全部范围的补贴；各类补贴计算依据也有不同，有按计税耕地面积补贴、按实际种植面积补贴、按实际售粮数量补贴，计税耕地面积无法涵盖客观存在的习惯面积、非计税面积，而按实际种植面积补贴在操作上又难以真正实现。此外，各项补贴设计部门多，粮食直补、农资综合补贴、良种补贴等涉及财政部门、农业部门等多个机构，以及金融部门的农村信用社和邮政储蓄银行等，分项补贴分别执行，执行时间也不统一。上述问题使基层工作量加重，政策操作成本过高。

三 粮食补贴政策的制定和执行存在一些不够科学合理的地方

在粮食直补政策执行过程中，许多地方都是按照土地面积进行补贴，而不是按种粮面积，更不是对实际种粮者进行补贴。随着农村劳动力的大量转移，外出务工人员的承包田有相当一部分已经转租，但种粮补贴直接拨付给土地承包户，出现了实际种粮者得不到补贴、得到补贴者并不种粮的情况。而且还有一部分农户，将粮田改种效益比较好的经济作物，获得比种粮更多的收入，但这一部分农户仍然每年领取粮食补贴。这些现象都与粮食补贴初衷相悖。再是，在广义的粮食补贴中，中央财政许多与粮食生产有关的农业综合开发项目，都要求地方拿出相应的配套资金；然而，粮食主产区，特别是产粮大县大都是财政困难，无力安排配套资金，于是就出现了要么弄虚作假，要么无法获得开发建设项目的情况。这些政策的制定显然不够切合实际。

四 现行价格支持政策明显不适应发展变化的新形势

十多年来，我国现行的粮食最低收购价格政策和临时收储政策对于增加农民收入、保护农民种粮积极性、实现国家粮食安全发挥了不可否定的历史性作用。但是，由于一方面近几年来国际粮价持续走低，而另一方面国内粮食生产成本不断上升，出现了国内粮价明显高于国际粮价的新情况，导致粮食进口大量增加，而国家粮食企业按最低收购价格政策和临时收储政策收购的粮食严重滞销，造成库存过度积压。这一新情况、新矛盾的出现，反映出现行的最低收购价格政策对粮食价格形成机制及市场价格信号造成了明显的扭曲，不适应国内外粮食领域发展变化的新形势，迫切需要与时俱进地加以改革和完善。

五 粮食补贴体系和机制还不够完善

粮食生产受自然因素影响很大，丰年歉年交替出现及粮价高低波动都是必然出现的现象。但是，在丰年如何保证不出现"卖粮难"现象，避免"谷贱伤农"；在歉年如何保证种粮农民基本收益；以及在粮价过高时如何保障城市居民的实际生活水平不降低等，在这些方面我国还没有建立起完善的应对和补贴机制。针对粮食生产以及整个农业生产易受自然灾害影响的特点，我国实行农业保险保费补贴政策，但粮食生产和农业生产的风险补偿，仅有农业保险制度还不够，在我国的粮食补贴体系中，还缺乏像美国等国家实行的灾害援助补贴政策，以帮助受灾对象稳定收入以及恢复生产。

第二章附表：

附表 2-1　　2002—2014 年我国粮食"四补贴"政策金额　　单位：亿元

年份	粮食直补	农作物良种补贴	农资综合补贴	农机具购置补贴	"四补贴"合计
2002	—	1.00	—	—	1.00
2003	—	3.00	—	—	3.00
2004	116.00	28.53	—	0.70	145.23
2005	131.00	38.70	—	3.00	172.70
2006	142.00	41.53	120.00	6.00	309.53
2007	151.00	66.63	276.00	20.00	513.63
2008	151.00	123.40	716.00	40.00	1030.40
2009	151.00	198.50	795.00	130.00	1274.50
2010	151.00	204.00	835.00	155.00	1345.00
2011	151.00	220.00	860.00	175.00	1406.00
2012	151.00	224.00	1078.00	215.00	1668.00
2013	151.00	261.05	1071.00	217.50	1700.55
2014	151.00	214.45	1071.00	237.50	1673.95

附表 2 - 2　　　　　1978—2014 年我国国家财政收入和

　　　　　　　　　　三次产业总值　　　　单位：亿元

年份	国家财政收入	第一产业 GDP	第二产业 GDP	第三产业 GDP
1978	1132. 26	1018. 40	1735. 97	895. 80
1979	1146. 38	1258. 90	1903. 34	905. 43
1980	1159. 93	1359. 40	2180. 53	1011. 65
1981	1175. 79	1545. 60	2243. 74	1108. 81
1982	1212. 33	1761. 60	2370. 58	1200. 87
1983	1366. 95	1960. 80	2632. 56	1382. 24
1984	1642. 86	2295. 50	3089. 68	1841. 08
1985	2004. 82	2541. 60	3846. 80	2651. 55
1986	2122. 01	2763. 90	4469. 92	3074. 94
1987	2199. 35	3204. 30	5225. 26	3672. 61
1988	2357. 24	3831. 00	6554. 02	4716. 05
1989	2664. 90	4228. 00	7240. 76	5621. 56
1990	2937. 10	5017. 00	7678. 02	6079. 30
1991	3149. 48	5288. 60	9055. 76	7551. 17
1992	3483. 37	5800. 00	11640. 44	9627. 88
1993	4348. 95	6887. 26	16372. 95	12264. 13
1994	5218. 10	9471. 39	22333. 53	16654. 72
1995	6242. 20	12020. 01	28536. 17	20573. 61
1996	7407. 99	13877. 79	33665. 85	24028. 68
1997	8651. 14	14264. 59	37353. 94	27810. 95
1998	9875. 95	14618. 03	38808. 83	31456. 84
1999	11444. 08	14548. 13	40827. 64	34811. 97
2000	13395. 23	14716. 22	45325. 98	39734. 05
2001	16386. 04	15501. 17	49262. 02	45507. 17
2002	18903. 64	16188. 62	53624. 38	51189. 04
2003	21715. 25	16968. 32	62120. 77	57475. 55
2004	26396. 47	20901. 79	73529. 83	66282. 80
2005	31649. 29	21803. 52	87127. 33	76964. 91
2006	38760. 20	23313. 00	103163. 45	91180. 13

续表

年份	国家财政收入	第一产业GDP	第二产业GDP	第三产业GDP
2007	51321.78	27783.00	125145.42	115090.93
2008	61330.35	32747.00	148097.88	135906.87
2009	68518.30	34154.00	157850.10	153625.13
2010	83101.51	39354.60	188804.92	180743.43
2011	103874.43	46153.32	223390.27	214579.91
2012	117253.52	50892.69	240200.37	243029.98
2013	129209.64	55321.71	256810.01	275887.04
2014	140370.03	58336.05	271764.48	306038.20

资料来源:《中国统计年鉴》(历年)。

附表2-3 1978—2014年我国粮食产量及粮食播种面积

年份	粮食总产量 (万吨)	人均粮食产量 (千克/人)	粮食播种面积 (万公顷)	单位面积粮食产量 (千克/公顷)
1978	30476.50	316.61	12058.72	2527.34
1979	33212.00	340.49	11926.27	2784.78
1980	32055.50	324.76	11723.43	2734.31
1981	32302.00	322.79	11495.80	2809.90
1982	35450.00	348.73	11342.27	3125.48
1983	38728.00	375.97	11404.73	3395.78
1984	40731.00	390.30	11288.53	3608.17
1985	37910.80	358.15	10884.51	3483.00
1986	39151.00	364.17	11093.27	3529.26
1987	40298.00	368.69	11126.80	3621.71
1988	39408.00	354.94	11012.27	3578.55
1989	40755.00	361.62	11220.47	3632.20
1990	44624.30	390.30	11346.59	3932.84
1991	43529.30	375.83	11231.36	3875.69
1992	44265.80	377.79	11055.97	4003.79
1993	45648.80	385.17	11050.87	4130.79

续表

年份	粮食总产量 （万吨）	人均粮食产量 （千克/人）	粮食播种面积 （万公顷）	单位面积粮食产量 （千克/公顷）
1994	44510.10	371.38	10954.37	4063.23
1995	46661.80	385.25	11006.04	4239.65
1996	50453.50	412.24	11254.79	4482.85
1997	49417.10	399.73	11291.21	4376.60
1998	51229.53	410.62	11378.74	4502.21
1999	50838.58	404.17	11316.10	4492.59
2000	46217.52	364.66	10846.25	4261.15
2001	45263.67	354.66	10608.00	4266.94
2002	45705.75	355.82	10389.08	4399.40
2003	43069.53	333.29	9941.04	4332.50
2004	46946.95	361.16	10160.60	4620.49
2005	48402.19	370.17	10427.84	4641.63
2006	49804.23	378.89	10495.80	4745.16
2007	50160.28	379.63	10563.84	4748.30
2008	52870.92	398.12	10679.26	4950.80
2009	53082.08	397.77	10898.57	4870.55
2010	54647.71	407.54	10987.61	4973.58
2011	57120.85	423.95	11057.30	5165.89
2012	58957.97	435.42	11120.46	5301.76
2013	60193.84	442.37	11195.56	5376.58
2014	60702.60	443.79	11272.30	5385.11

资料来源：《中国统计年鉴》（历年）。

第三章 我国县域粮食生产和社会经济发展基本情况

根据《中国县（市）社会经济统计年鉴》、《中国县域统计年鉴》①，本书整理得到2001—2013年全国2000多个县（区、市，以下简称县）的粮食生产和财政收入数据。其中，包括704个产粮大县和1300多个非产粮大县。② 对照《全国新增1000亿斤粮食生产能力规划（2009—2020年）》确定的全国800个产粮大县（见图3-1）名单，本章研究缺失数据的96个产粮大县为黑龙江农垦的55个农场以及各省41个区。缺失数据的这96个产粮大县社会经济发展的平均水平相对较好，因此，在本书的分析中，这96个产粮大县数据的缺失不会扩大产粮大县和非产粮大县县域经济发展水平的差异程度。

---

① 《中国县（市）社会经济统计年鉴》从2014年开始更名为《中国县域统计年鉴》。

② 《中国县（市）社会经济统计年鉴》和《中国县域统计年鉴》中，2001—2013年历年包含的产粮大县数量都为704个；但是，由于部分县在有的年份存在数据缺失，以及县行政区划单位的合并和拆分等因素，非产粮大县样本数量在不同年份会略有差异，为了保证县均指标和人均指标的可比性，本章关于非产粮大县描述性统计分析中，仅保留了2001—2013年统计数据均不缺失的非产粮大县，样本量为1369个。

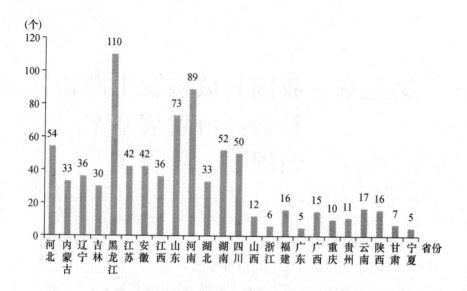

图3-1　全国800个产粮大县地域分布

资料来源:《全国新增1000亿斤粮食生产能力规划（2009—2020年)》。

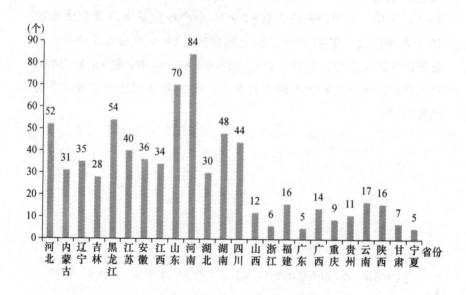

图3-2　本书704个产粮大县的地域分布

资料来源:《全国新增1000亿斤粮食生产能力规划（2009—2020年)》和《中国县域统计年鉴》(2014)。

第一节　我国县域社会经济发展基本情况

一　我国县域社会经济发展总体情况

根据对 2000 多个样本县数据分析可以看到（见表 3 - 1），2013 年全部样本县县均人口数量为 48.73 万人，县均农村人口数量为 39.25 万人，县均农业劳动力数量为 11.39 万人；县均公共财政收入为 10.95 亿元，县均公共财政支出为 24.37 亿元；县均农业增加值为 22.60 亿元，县均粮食、棉花、油料和肉类产量分别为 28.03 万吨、0.27 万吨、1.53 万吨和 4.31 万吨；县均工业增加值为 84.74 亿元，县均规模以上工业企业个数为 114.21 个；县均普通中学在校学生数为 2.29 万人，县均小学在校学生数为 3.27 万人，县均医院、卫生院床位数为 1558.01 个，县均社会福利院个数为 15.27 个。

表 3 - 1　　县域粮食生产和社会经济发展指标（县均）

指标	2001 年	2003 年	2010 年	2011 年	2012 年	2013 年
总样本						
县均人口数量（万人）	46.22	45.90	48.37	48.73	48.79	48.73
县均农村人口数量（万人）	39.08	38.84	39.60	39.04	39.37	39.25
县均农业劳动力数量（万人）	13.96	13.25	11.71	11.43	11.41	11.39
县均公共财政收入（亿元）	1.07	1.32	5.72	7.45	8.98	10.95
县均公共财政支出（亿元）	2.00	2.79	14.30	17.83	21.56	24.37
县均农业增加值（亿元）	6.86	7.36	16.48	19.19	21.22	22.60
县均粮食产量（万吨）	20.18	18.43	27.19	27.44	27.81	28.03
县均棉花产量（万吨）	0.24	0.20	0.28	0.31	0.30	0.27
县均油料产量（万吨）	1.25	1.20	1.40	1.44	1.48	1.53
县均肉类产量（万吨）	2.89	3.23	4.05	4.04	4.34	4.31
县均工业增加值（亿元）	11.32	15.27	57.16	70.21	77.98	84.74
县均规模以上工业企业个数（个）	45.23	52.17	136.89	101.47	106.91	114.21
县均普通中学在校学生数（万人）	2.84	3.08	2.66	2.58	2.45	2.29

续表

指标	2001 年	2003 年	2010 年	2011 年	2012 年	2013 年
县均小学在校学生数（万人）	4.85	4.42	3.58	3.56	3.51	3.27
县均医院、卫生院床位数（个）	767.34	767.24	1145.04	1248.01	1389.66	1558.01
县均社会福利院个数（个）	13.24	12.81	13.99	14.65	15.19	15.27
产粮大县						
县均人口数量（万人）	64.48	64.81	67.20	67.61	67.77	67.62
县均农村人口数量（万人）	54.93	54.92	55.56	54.71	55.27	55.07
县均农业劳动力数量（万人）	20.09	19.08	16.56	15.98	15.99	15.94
县均公共财政收入（亿元）	1.21	1.47	6.07	8.08	9.96	12.51
县均公共财政支出（亿元）	2.19	3.11	16.47	20.46	25.33	28.15
县均农业增加值（亿元）	10.47	11.22	25.92	30.07	33.08	35.15
县均粮食产量（万吨）	36.13	33.31	53.95	54.06	55.05	55.77
县均棉花产量（万吨）	0.40	0.30	0.31	0.31	0.28	0.25
县均油料产量（万吨）	2.40	2.25	2.66	2.69	2.78	2.88
县均肉类产量（万吨）	4.80	5.46	6.80	6.82	7.30	7.25
县均工业增加值（亿元）	13.10	17.80	70.07	86.19	96.43	106.34
县均规模以上工业企业个数（个）	48.33	55.98	167.40	132.45	141.01	152.63
县均普通中学在校学生数（万人）	4.11	4.43	3.52	3.39	3.21	2.95
县均小学在校学生数（万人）	6.42	5.80	4.71	4.72	4.78	4.26
县均医院、卫生院床位数（个）	999.48	1002.15	1477.71	1618.35	1820.55	2057.73
县均社会福利院个数（个）	18.82	18.07	19.03	19.66	20.01	20.52
非产粮大县						
县均人口数量（万人）	36.64	36.06	38.67	38.97	39.05	39.06
县均农村人口数量（万人）	30.76	30.47	31.38	30.95	31.22	31.16
县均农业劳动力数量（万人）	10.75	10.21	9.22	9.09	9.07	9.06
县均公共财政收入（亿元）	1.00	1.25	5.54	7.12	8.48	10.14
县均公共财政支出（亿元）	1.90	2.63	13.18	16.47	19.63	22.44
县均农业增加值（亿元）	4.97	5.36	11.62	13.57	15.15	16.18
县均粮食产量（万吨）	11.81	10.68	13.41	13.57	13.62	13.82
县均棉花产量（万吨）	0.15	0.15	0.27	0.30	0.31	0.28
县均油料产量（万吨）	0.64	0.65	0.76	0.80	0.82	0.83
县均肉类产量（万吨）	1.89	2.07	2.63	2.61	2.83	2.81

续表

指标	2001 年	2003 年	2010 年	2011 年	2012 年	2013 年
县均工业增加值（亿元）	10.38	13.96	50.52	61.96	68.52	73.68
县均规模以上工业企业个数（个）	43.60	50.19	121.17	85.47	89.42	94.55
县均普通中学在校学生数（万人）	2.17	2.38	2.22	2.17	2.06	1.96
县均小学在校学生数（万人）	4.03	3.70	2.99	2.96	2.86	2.77
县均医院、卫生院床位数（个）	645.53	644.94	973.70	1056.74	1168.72	1302.14
县均社会福利院个数（个）	10.31	10.08	11.39	12.06	12.72	12.58

资料来源：《中国县（市）社会经济统计年鉴》（历年）和《中国县域统计年鉴》（2014）。

从人均水平看（见表3-2），2013 年 2000 多个样本县人均公共财政收入为 2246.24 元，人均公共财政支出为 5000.99 元；人均农业增加值为 4638.37 元，人均粮食、棉花、油料和肉类产量分别为 575.13 千克、5.49 千克、31.35 千克和 88.54 千克；人均工业增加值为 17388.66 元，人均规模以上工业企业个数为 2.34 个；人均医院、卫生院床位数为 31.97 个，人均社会福利院个数为 0.31 个。

表3-2　　县域粮食生产和社会经济发展指标（人均）

指标	2001 年	2003 年	2010 年	2011 年	2012 年	2013 年
总样本						
人均公共财政收入（元/人）	231.51	288.42	1183.26	1528.26	1840.23	2246.24
人均公共财政支出（元/人）	432.26	608.09	2956.33	3659.19	4419.34	5000.99
人均农业增加值（元/人）	1484.44	1604.36	3407.35	3938.40	4350.48	4638.37
人均粮食产量（千克/人）	436.58	401.45	562.14	567.37	572.07	575.13
人均棉花产量（千克/人）	5.18	4.43	5.79	6.29	6.10	5.49
人均油料产量（千克/人）	26.98	26.09	29.03	29.57	30.40	31.35
人均肉类产量（千克/人）	62.53	70.36	83.65	83.00	89.00	88.54
人均工业增加值（元/人）	2448.26	3327.32	11818.15	14409.41	15983.57	17388.66
规模以上工业企业个数（个/万人）	0.98	1.14	2.83	2.08	2.19	2.34

续表

指标	2001 年	2003 年	2010 年	2011 年	2012 年	2013 年
医院、卫生院床位数（个/万人）	16.60	16.72	23.67	25.61	28.48	31.97
社会福利院个数（个/万人）	0.29	0.28	0.29	0.30	0.31	0.31
产粮大县						
人均公共财政收入（元/人）	188.01	226.89	904.02	1195.08	1468.96	1850.35
人均公共财政支出（元/人）	340.13	479.71	2451.11	3026.62	3738.32	4162.88
人均农业增加值（元/人）	1624.02	1731.04	3857.99	4448.10	4880.51	5198.36
人均粮食产量（千克/人）	560.35	513.99	802.87	810.38	816.19	824.77
人均棉花产量（千克/人）	6.21	4.63	4.57	4.62	4.12	3.63
人均油料产量（千克/人）	37.25	34.74	39.55	39.75	41.09	42.66
人均肉类产量（千克/人）	74.52	84.25	101.25	100.84	107.72	107.28
人均工业增加值（元/人）	2031.97	2746.53	10426.88	12748.23	14229.71	15725.07
规模以上工业企业个数（个/万人）	0.75	0.86	2.49	1.96	2.08	2.26
医院、卫生院床位数（个/万人）	15.50	15.46	21.99	23.94	26.86	30.43
社会福利院个数（个/万人）	0.29	0.28	0.28	0.29	0.30	0.30
非产粮大县						
人均公共财政收入（元/人）	271.68	345.99	1433.15	1826.75	2170.58	2597.18
人均公共财政支出（元/人）	517.33	728.23	3408.46	4225.89	5025.28	5743.96
人均农业增加值（元/人）	1355.56	1485.81	3004.05	3481.78	3878.89	4141.95
人均粮食产量（千克/人）	322.30	296.13	346.70	348.83	350.70	353.82
人均棉花产量（千克/人）	4.23	4.24	6.88	7.78	7.86	7.13
人均油料产量（千克/人）	17.50	17.99	19.62	20.45	20.88	21.33
人均肉类产量（千克/人）	51.46	57.36	67.90	67.01	72.35	71.92
人均工业增加值（元/人）	2832.66	3870.83	13063.22	15897.60	17544.10	18863.39
规模以上工业企业个数（个/万人）	1.19	1.39	3.13	2.19	2.29	2.42

续表

指标	2001 年	2003 年	2010 年	2011 年	2012 年	2013 年
医院、卫生院 床位数（个/万人）	17.62	17.89	25.18	27.11	29.93	33.34
社会福利院 个数（个/万人）	0.28	0.28	0.29	0.31	0.33	0.32

资料来源：《中国县（市）社会经济统计年鉴》（历年）和《中国县域统计年鉴》（2014）。

二　产粮大县社会经济发展基本情况

根据对 704 个产粮大县数据分析可以看到（见表 3 - 1），2013 年，产粮大县县均人口数量为 67.62 万人，县均农村人口数量为 55.07 万人，县均农业劳动力数量为 15.94 万人；县均公共财政收入为 12.51 亿元，县均公共财政支出为 28.15 亿元；县均农业增加值为 35.15 亿元，县均粮食、棉花、油料和肉类产量分别为 55.77 万吨、0.25 万吨、2.88 万吨和 7.25 万吨；县均工业增加值为 106.34 亿元，县均规模以上工业企业个数为 152.63 个；县均普通中学在校学生数为 2.95 万人，县均小学在校学生数为 4.26 万人，县均医院、卫生院床位数为 2057.73 个，县均社会福利院个数为 20.52 个。

从人均水平看（见表 3 - 2），2013 年，704 个产粮大县人均公共财政收入为 1850.35 元，人均公共财政支出为 4162.88 元；人均农业增加值为 5198.36 元，人均粮食、棉花、油料和肉类产量分别为 824.77 千克、3.63 千克、42.66 千克和 107.28 千克；人均工业增加值为 15725.07 元，万人规模以上工业企业个数为 2.26 个；万人医院、卫生院床位数为 30.43 个，万人社会福利院个数为 0.30 个。

三　非产粮大县社会经济发展基本情况

根据对 1300 多个非产粮大县的数据分析可以看到（见表 3 - 1），2013 年，非产粮大县县均人口数量为 39.06 万人，县均农村人口数量为 31. 16 万人，县均农业劳动力数量为 9. 06 万人；县均公共财政收入为 10. 14 亿元，县均公共财政支出为 22. 44 亿元；县均农业增加值为 16. 18 亿元，县均粮食、棉花、油料和肉类产量分别为 13. 82 万吨、0. 28 万吨、0. 83 万吨和 2. 81 万吨；县均工业增加值为 73. 68 亿元，县均规模以上工业企业个数为 94. 55 个；县均普通中学在校学生数为 1. 96 万人，县均小学在校学生数为 2. 77 万人，县均医院、卫生院床位数为 1302. 14 个，县均社会福利院个数为 12. 58 个。

从人均水平上来看（见表 3 - 2），2013 年，1300 多个非产粮大县人均公共财政收入为 2597. 18 元，人均公共财政支出为 5743. 96 元；人均农业增加值为 4141. 95 元，人均粮食、棉花、油料和肉类产量分别为 353. 82 千克、7. 13 千克、21. 33 千克和 71. 92 千克；人均工业增加值为 18863. 39 元，万人规模以上工业企业个数为 2. 42 个；万人医院、卫生院床位数 33. 34 个，万人社会福利院个数为 0. 32 个。

第二节 我国县域粮食生产变动趋势

一 我国县域粮食生产总体变动趋势

根据对 704 个产粮大县和 1300 多个非产粮大县共计 2000 多个样本县的数据分析来看，无论对于县均粮食产量还是人均粮食产量来讲，2003 年是 2000 年以来我国粮食生产的最低谷。2003 年，县均粮食产量为 18. 43 万吨，人均粮食产量为 401. 45 千克。2004 年以来，县均粮食产量和人均粮食产量都保持持续增长的态势。2013 年，县均粮食产量增长到 28. 03 万吨，人均粮食产量增长到 575. 13 千克。与 2003 年相比较，2013 年县均产量增长了 9. 60 万吨，增长幅度达到 52. 09%；人均粮食产量增长了 173. 68 千克，增长幅度达到 43. 26%。

二 产粮大县粮食生产变动趋势

与全国总体趋势一致，无论对于县均粮食产量还是人均粮食产

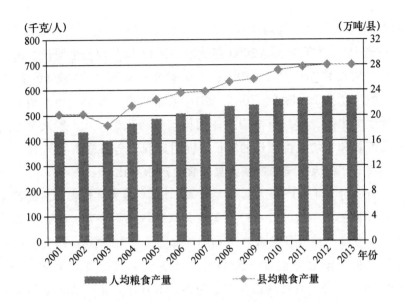

图 3 - 3　2001—2013 年全国县均和人均粮食产量

资料来源：《中国县（市）社会经济统计年鉴》（2002—2013）、《中国县域统计年鉴》（2014）。

量，2003 年是 2000 年以来我国产粮大县粮食生产的最低谷。2003年，县均粮食产量为 33.31 万吨，人均粮食产量为 513.99 千克。2004 年以来，县均粮食产量和人均粮食产量都保持了持续增长的态势。2013 年，县均粮食产量增长到 55.77 万吨，人均粮食产量增长到 824.77 千克。与 2003 年相比较，2013 年县均产量增长 22.46 万吨，增长幅度达到 67.43%；人均粮食产量增长 310.78 千克，增长幅度达到 60.46%。与全国总体增长趋势相比较，2003—2013 年产粮大县县均粮食产量和人均粮食产量的增长速度高于全国总体水平。

三　非产粮大县粮食生产变动趋势

与全国总体趋势一致，无论对于县均粮食产量还是人均粮食产量来讲，2003 年是 2000 年以来我国非产粮大县粮食生产的最低谷。2003 年，县均粮食产量为 10.68 万吨，人均粮食产量为 296.13 千克。2004 年以来，县均粮食产量和人均粮食产量都保持了持续增长的态势。2013 年，县均粮食产量增长到 13.82 万吨，人均粮食产量增长到 353.82 千克。与 2003 年比较，2013 年县均产量增长了 3.14 万吨，增长幅度达到 29.40%；人均粮食产量增长了 57.69 千克，增长幅度达到 19.48%。2003—2013 年非产粮大县粮食生产也有较大程度的提高，但是与全国总体增长趋势相比较，非产粮大县县均粮食产量和人均粮食产量的增长速度明显低于全国总体水平。

四　产粮大县与非产粮大县粮食生产水平比较

根据对 704 个产粮大县和 1300 多个非产粮大县粮食产量的数据分析（见图 3-4、图 3-5），无论是从县均水平来看，还是从人均水平来看，产粮大县粮食产量均明显高于非产粮大县；而且，产粮大县与非产粮大县粮食产量相对差距和绝对差距都在持续扩大。2003 年，产粮大县县均粮食产量为 33.31 万吨，非产粮大县县均粮食产量为 10.68 万吨，产粮大县县均粮食产量比非产粮大县高出 22.63 万吨，是非产粮大县的 3.12 倍；产粮大县人均粮食产量为 513.99 千克，非产粮大县人均粮食产量为 296.13 千克，产粮大县人

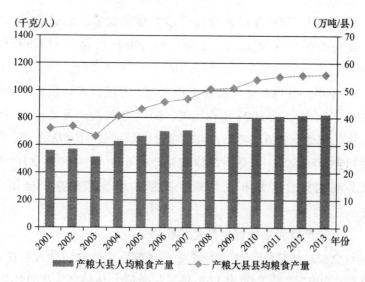

图 3-4　2001—2013 年产粮大县县均和人均粮食产量

资料来源：《中国县（市）社会经济统计年鉴》（2002—2013）、《中国县域统计年鉴》（2014）。

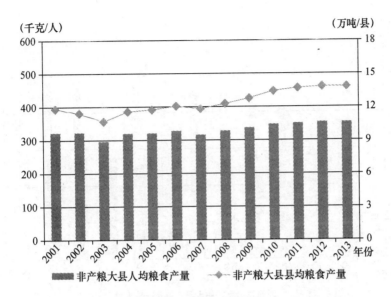

图 3 - 5　2001—2013 年非产粮大县县均和人均粮食产量

资料来源:《中国县（市）社会经济统计年鉴》（2002—2013）和《中国县域统计年鉴》（2014）。

均粮食产量比非产粮大县高出 217.86 千克，是非产粮大县的 1.74 倍。到 2013 年，产粮大县县均粮食产量为 55.77 万吨，非产粮大县县均粮食产量为 13.82 万吨，产粮大县县均粮食产量比非产粮大县高出 41.95 万吨，是非产粮大县的 4.04 倍；产粮大县人均粮食产量为 824.77 千克，非产粮大县人均粮食产量为 353.82 千克，产粮大县人均粮食产量比非产粮大县高出 470.95 千克，是非产粮大县的 2.33 倍。

从各省（区、市）域内产粮大县和非产粮大县粮食产量看（见图 3 - 6 和图 3 - 7），各省（区、市）域内产粮大县县均粮食产量和人均粮食产量均明显高于非产粮大县。以 2013 年为例，从县均水平差距的相对量上来看，吉林、内蒙古和黑龙江各省（区）的产粮大县县均粮食产量比本省（区）非产粮大县高出 5 倍以上，分别高出 9.71 倍、6.90 倍和 5.37 倍；从县均水平差距的绝对量上来看，吉林省产粮大县县均粮食产量比本省非产粮大县高出 100 万吨以上，高出 108.65 万吨，黑龙江、内蒙古和安徽各省（区）的产粮大县县均粮食产量比本省（区）非产粮大县高出 50 万吨以上，分别高出 60.73

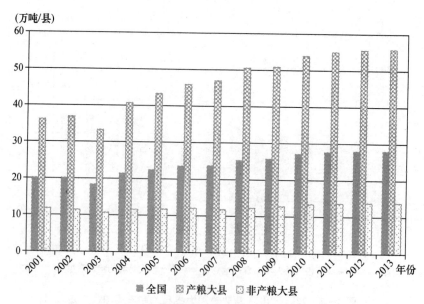

图 3 - 6　2001—2013 年产粮大县与非产粮大县县均粮食产量比较

资料来源：《中国县（市）社会经济统计年鉴》（2002—2013）和《中国县域统计年鉴》（2014）。

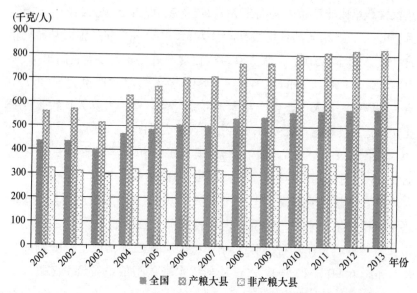

图 3 - 7　2001—2013 年产粮大县与非产粮大县人均粮食产量比较

资料来源：《中国县（市）社会经济统计年鉴》（2002—2013）和《中国县域统计年鉴》（2014）。

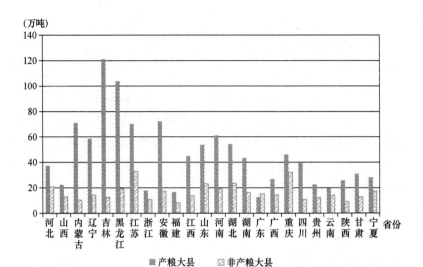

图 3 - 8　2013 年 24 个省区产粮大县与非产粮大县县均粮食产量

注：北京、天津、上海、海南、西藏、青海、新疆 7 个省（区、市）不含产粮大县，这 7 个省（区、市）图中没有包括。

资料来源：《中国县（市）社会经济统计年鉴》（2002—2013）和《中国县域统计年鉴》（2014）。

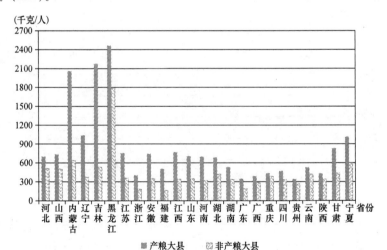

图 3 - 9　2013 年 24 个省区产粮大县与非产粮大县人均粮食产量

注：北京、天津、上海、海南、西藏、青海、新疆 7 个省（区、市）不含产粮大县，这 7 个省（区、市）没有包括在图中。

资料来源：《中国县（市）社会经济统计年鉴》（2002—2013）、《中国县域统计年鉴》（2014）。

万吨、84.52 万吨和 54.81 万吨。从人均水平差距的相对量上来看，吉林、内蒙古和福建各省（区）的产粮大县人均粮食产量比本省（区）非产粮大县高出 2 倍以上，分别高出 3.12 倍、2.25 倍和 2.13 倍；从人均水平差距绝对量看，吉林、内蒙古两省（区）的产粮大县人均粮食产量比本省（区）非产粮大县高出 1000 千克以上，分别高出 1647.07 千克和 1424.16 千克，辽宁、黑龙江两省的产粮大县人均粮食产量比本省非产粮大县高出 600 千克以上，分别高出 666.75 千克和 674.51 千克。

根据对 704 个产粮大县和 1300 多个非产粮大县粮食总产量数据分析（见图 3 – 10 和图 3 – 11），2000 年以来，产粮大县粮食产量占全部 2000 多个样本县的粮食总产量的比重一直保持在 60% 以上，而且 2007 年之后，704 个产粮大县粮食产量占全部 2000 多个样本县的粮食总产量的比重基本稳定在 68% 左右，产粮大县在保障国家粮食安全方面发挥着重要的支撑作用。2003—2013 年，704 个产粮大县粮食总产量增长了 13883.12 万吨；在此期间，2000 多个样本

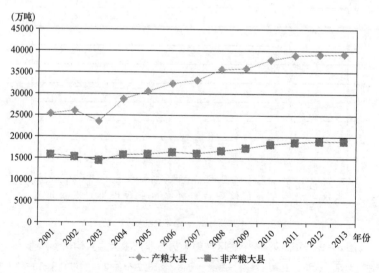

图 3 – 10　2001—2013 年样本县产粮大县与非产粮大县粮食产量

资料来源：《中国县（市）社会经济统计年鉴》（2002—2013）、《中国县域统计年鉴》（2014）。

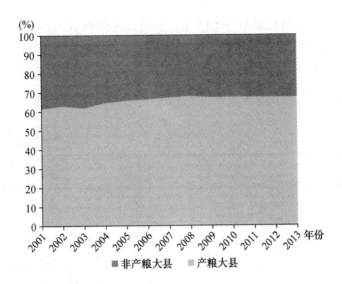

图 3 - 11　2001—2013 年产粮大县与非产粮大县粮食产量占比

资料来源：《中国县（市）社会经济统计年鉴》（2002—2013）和《中国县域统计年鉴》（2014）。

县粮食产量增长了 17082.11 万吨，其中，产粮大县粮食产量增长比例占 81.27%，可以说，产粮大县是 2004 年以来我国粮食产量增长的主要支撑点。

第三节　我国县域财政收入变动趋势

一　我国县域财政收入总体变动趋势

根据对 704 个产粮大县和 1300 多个非产粮大县共计 2000 多个样本县的数据分析来看，无论对于县均公共财政收入还是人均公共财政收入来讲，2000 年以来，县均公共财政收入和人均公共财政收入都保持持续增长态势；尤其是 2010 年以来增长速度明显加快。2001 年县均公共财政收入水平为 1.07 亿元，人均公共财政收入水平为 231.51 元；2003 年县均公共财政收入水平增长到 1.32 亿元，人均公共财政收入水平增长到 288.42 元；2013 年县均公共财政收入水平进一步增长到 10.95 亿元，人均公共财政收入水平进一步增长到 2246.24 元。2013 年县均公共财政收入比 2003 年增长了 9.63 亿元，是 2003 年的 8.30 倍；2013 年人均公共财政收入比 2003 年增长 1957.82 元，是 2003 年的 7.79 倍。

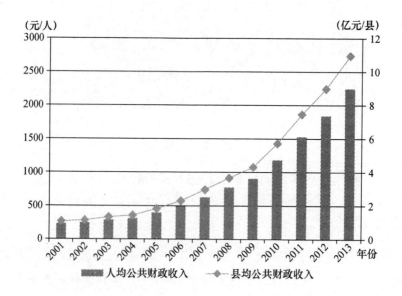

图 3 - 12　2001—2013 年样本县县均和人均公共财政收入

资料来源：《中国县（市）社会经济统计年鉴》（2002—2013）和《中国县域统计年鉴》（2014）。

二　产粮大县财政收入变动趋势

同全国总体趋势一致，2000 年以来，产粮大县县均公共财政收入和人均公共财政收入都保持了持续增长的态势；尤其是 2010 年以来增长速度明显加快。就 704 个产粮大县而言，2001 年，县均公共财政收入水平为 1.21 亿元，人均公共财政收入水平为 188.01 元；2003 年，县均公共财政收入水平增长到 1.47 亿元，人均公共财政收入水平增长到 226.89 元；2013 年县均公共财政收入水平进一步增长到 12.51 亿元，人均公共财政收入水平进一步增长到 1850.35 元。2013 年县均公共财政收入比 2003 年增长了 11.04 亿元，是

2003 年的 8.51 倍；2013 年人均公共财政收入比 2003 年增长了 1623.46 元，是 2003 年的 8.16 倍。

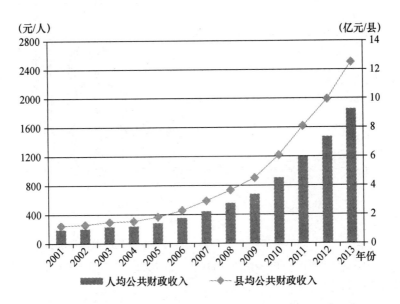

图 3-13　2001—2013 年产粮大县县均和人均公共财政收入

资料来源：《中国县（市）社会经济统计年鉴》（2002—2013）和《中国县域统计年鉴》（2014）。

三　非产粮大县财政收入变动趋势

同全国总体趋势一致，2000 年以来，非产粮大县县均公共财政收入和人均公共财政收入都保持了持续增长的态势；尤其是 2010 年以来增长速度明显加快。就 1369 个非产粮大县而言，2001 年，县均公共财政收入水平为 1.00 亿元，人均公共财政收入水平为 271.68 元；2003 年，县均公共财政收入水平增长到 1.25 亿元，人均公共财政收入水平增长到 345.99 元；2013 年，县均公共财政收入水平进一步增长到 10.14 亿元，人均公共财政收入水平进一步增长到 2597.18 元。2013 年，县均公共财政收入比 2003 年增长了 8.89 亿元，是 2003 年的 8.11 倍；2013 年，人均公共财政收入比 2003 年增长了 2251.19 元，是 2003 年的 7.51 倍。

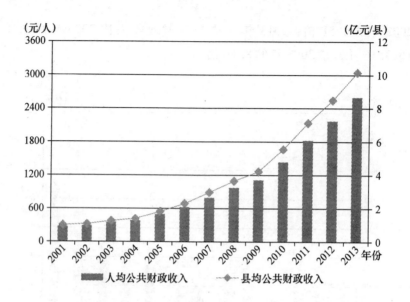

图 3 – 14　2001—2013 年非产粮大县县均和人均公共财政收入

资料来源：《中国县（市）社会经济统计年鉴》（2002—2013）和《中国县域统计年鉴》（2014）。

四　产粮大县与非产粮大县财政收入水平比较

根据对 704 个产粮大县和 1300 多个非产粮大县财政收入的数据分析（见图 3 – 15、图 3 – 16），从县均水平来看，产粮大县财政收入均高于非产粮大县；但是，由于产粮大县人口数量明显高于非产粮大县，产粮大县人均公共财政收入却明显低于非产粮大县。2000年以来，虽然产粮大县与非产粮大县人均公共财政收入水平的相对差距没有明显增加，但是绝对差距在持续扩大。

2001 年，产粮大县县均公共财政收入为 1.21 亿元，非产粮大县县均公共财政收入为 1.00 亿元，产粮大县县均公共财政收入比非产粮大县高出 0.21 亿元，是非产粮大县的 1.21 倍；产粮大县人均公共财政收入为 188.01 元，非产粮大县人均公共财政收入为 271.68 元，非产粮大县人均公共财政收入比产粮大县高出 83.67元，是产粮大县的 1.45 倍。2003 年，产粮大县县均公共财政收入为 1.47 亿元，非产粮大县县均公共财政收入为 1.25 亿元，产粮大县县均公共财政收入比非产粮大县高出 0.22 亿元，是非产粮大县的 1.18 倍；产粮大县人均公共财政收入为 226.89 元，非产粮大县人均公共财政收入为 345.99 元，非产粮大县人均公共财政收入比产粮大县高 119.10 元，是产粮大县的 1.52 倍。到 2013 年，产粮大县县均公共财政收入为 12.51 亿元，非产粮大县县均公共财政收入为 10.14 亿元，产粮大县县均公共财政收入比非产粮大县高 2.37 亿元，是非产粮大县的 1.23 倍；产粮大县人均公共财政收入为 1850.35 元，非产粮大县人均公共财政收入为 2597.18 元，非产粮大县人均公共财政收入比产粮大县高 746.83 元，是产粮大县的 1.40 倍。

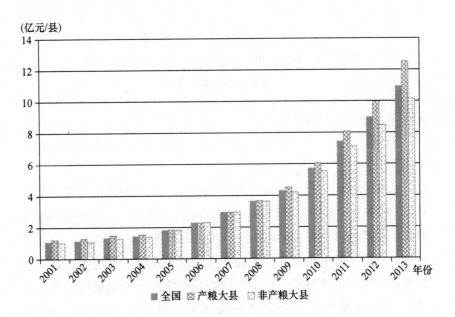

图 3 - 15 2001—2013 年产粮大县与非产粮大县县均
公共财政收入水平

注：北京、天津、上海、海南、西藏、青海、新疆 7 个省（区、市）不含产粮大县，这 7 个省（区、市）图中没有包括。

资料来源：《中国县（市）社会经济统计年鉴》（2002—2013）和《中国县域统计年鉴》（2014）。

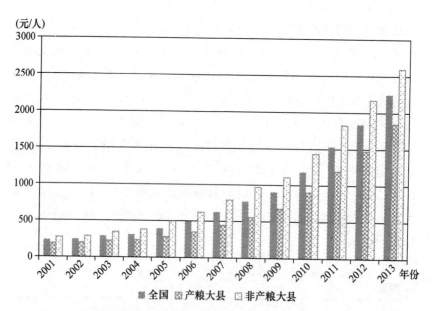

图 3-16 2001—2013 年产粮大县与非产粮大县人均
公共财政收入水平

注：北京、天津、上海、海南、西藏、青海、新疆 7 个省（区、市）不含产粮大县，这 7 个省（区、市）图中没有包括。

资料来源：《中国县（市）社会经济统计年鉴》（2002—2013）和《中国县域统计年鉴》（2014）。

从各省（区、市）产粮大县和非产粮大县财政收入看（见图 3-17 和图 3-18），就县均公共财政收入而言，2/3 的省份产粮大县高于非产粮大县，1/3 的省份产粮大县低于非产粮大县；但由于产粮大县相对来讲也是人口大县，人口因素在很大程度上拉低了产粮大县在县均公共财政收入上的优势，除宁夏等少数省份外，各省（区、市）产粮大县人均公共财政收入明显低于非产粮大县。其中，从差距的相对量上来看，内蒙古和河南两省（区）的非产粮大县人均公共财政收入比本省（区）产粮大县高 2 倍以上，分别高出 2.60 倍和 2.14 倍；从差距的绝对量来看，江苏和内蒙古两省（区）的非产粮大县财政收入比本省（区）产粮大县高出 5000 元左右，分别高出 5495.95 元和 4985.52 元，吉林、黑龙江、福建、河南和陕西五省的非产粮大县人均公共财政收入比本省产粮大县高出 1000 元以上。

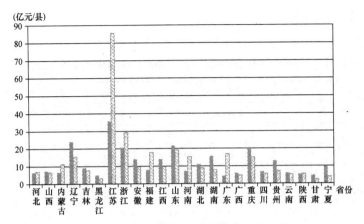

图 3-17 2013 年 24 个省区产粮大县与非产粮大县县均

公共财政收入水平

注：北京、天津、上海、海南、西藏、青海、新疆 7 个省（区、市）不含产粮大县，这 7 个省（区、市）图中没有包括。

资料来源：《中国县（市）社会经济统计年鉴》（2002—2013）和《中国县域统计年鉴》（2014）。

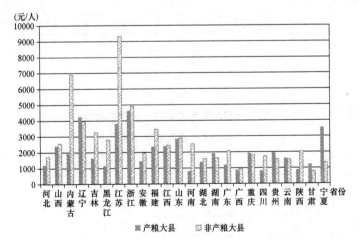

图 3-18 2013 年 24 个省区产粮大县与非产粮大

县人均公共财政收入水平

注：北京、天津、上海、海南、西藏、青海、新疆 7 个省（区、市）不含产粮大县，这 7 个省（区、市）图中没有包括。

资料来源：《中国县（市）社会经济统计年鉴》（2002—2013）和《中国县域统计年鉴》（2014）。

第三章附表：

附表 3-1　2001—2013 年产粮大县、非产粮大县粮食生产水平比较

年份	县均粮食产量（亿吨/县）			人均粮食产量（千克/人）		
	产粮大县	非产粮大县	总样本	产粮大县	非产粮大县	总样本
2001	36.13	11.81	20.18	560.35	322.30	436.58
2002	36.86	11.42	20.19	570.40	310.32	435.21
2003	33.31	10.68	18.43	513.99	296.13	401.45
2004	40.69	11.56	21.50	628.18	319.69	468.15
2005	43.27	11.74	22.53	666.52	320.67	486.58
2006	45.83	12.06	23.59	701.89	327.63	507.01
2007	46.93	11.82	23.80	709.30	315.69	503.82
2008	50.53	12.27	25.32	763.42	327.06	535.37
2009	50.90	12.76	25.77	764.94	336.56	540.47
2010	53.95	13.41	27.19	802.87	346.70	562.14
2011	55.03	13.68	27.73	810.90	350.17	567.76
2012	55.58	13.81	28.01	819.01	353.67	573.44
2013	55.77	13.82	28.03	824.77	353.82	575.13

资料来源：《中国县（市）社会经济统计年鉴》（2002—2013）和《中国县域统计年鉴》（2014）。

附表 3-2　　　　2001—2013 年产粮大县、非产粮大县

公共财政收入水平比较

年份	县均公共财政收入（亿元/县）			人均公共财政收入（元/人）		
	产粮大县	非产粮大县	总样本	产粮大县	非产粮大县	总样本
2001	1.21	1.00	1.07	188.01	271.68	231.51
2002	1.28	1.05	1.13	198.01	285.85	243.67
2003	1.47	1.25	1.32	226.89	345.99	288.42
2004	1.53	1.38	1.43	235.98	380.66	311.03
2005	1.83	1.82	1.82	281.97	495.86	393.26
2006	2.28	2.29	2.29	349.27	623.39	492.00
2007	2.94	2.96	2.96	444.31	791.76	625.69
2008	3.67	3.64	3.65	554.58	971.73	772.59

续表

年份	县均公共财政收入（亿元/县）			人均公共财政收入（元/人）		
	产粮大县	非产粮大县	总样本	产粮大县	非产粮大县	总样本
2009	4.52	4.21	4.31	678.92	1109.16	904.37
2010	6.07	5.54	5.72	904.02	1433.15	1183.26
2011	8.08	7.12	7.45	1195.08	1826.75	1528.26
2012	9.96	8.48	8.98	1468.96	2170.58	1840.23
2013	12.51	10.14	10.95	1850.35	2597.18	2246.24

资料来源：《中国县（市）社会经济统计年鉴》（2002—2013）和《中国县域统计年鉴》（2014）。

附表 3－3　2013 年各省产粮大县、非产粮大县粮食生产水平比较

省份	人均粮食产量（千克/人）			县均粮食产量（万吨/县）		
	产粮大县	非产粮大县	总样本	产粮大县	非产粮大县	总样本
河北	694.75	509.36	592.06	37.16	20.69	26.94
山西	731.03	501.00	533.94	22.36	12.94	14.11
内蒙古	2057.36	633.21	1422.36	71.01	10.29	32.70
辽宁	1038.51	371.76	938.25	58.51	14.42	49.49
吉林	2175.57	528.50	1904.59	121.13	12.48	86.68
黑龙江	2459.93	1785.42	2423.55	103.86	19.34	88.50
江苏	752.37	357.71	605.71	70.10	32.85	56.13
浙江	399.69	182.47	198.86	17.79	10.85	11.53
安徽	739.71	347.11	631.50	72.15	17.34	48.79
福建	503.48	160.97	228.58	16.65	8.24	10.56
江西	768.57	340.78	560.36	44.96	13.67	26.81
山东	703.07	346.74	629.38	53.74	23.03	46.66
河南	693.35	316.51	627.15	61.05	19.19	51.15
湖北	680.73	418.30	558.81	54.34	23.49	37.31
湖南	529.42	336.45	465.96	43.24	16.16	30.93
广东	345.44	188.25	192.96	12.64	15.28	15.11
广西	388.49	283.25	306.46	26.75	14.41	16.54

省份	人均粮食产量（千克/人）			县均粮食产量（万吨/县）		
	产粮大县	非产粮大县	总样本	产粮大县	非产粮大县	总样本
重庆	433.13	383.69	403.61	46.06	32.00	36.87
四川	468.59	334.32	407.40	39.29	10.76	19.72
贵州	339.49	264.72	278.94	22.50	12.26	13.71
云南	526.51	418.95	435.50	19.70	14.23	15.01
陕西	427.32	339.78	369.08	25.75	9.17	12.22
甘肃	827.57	433.19	478.13	30.97	12.79	14.46
宁夏	1012.47	595.18	750.69	28.15	17.41	21.54

资料来源：《中国县（市）社会经济统计年鉴》（2002—2013）和《中国县域统计年鉴》（2014）。

附表3－4　　　　2013年各省产粮大县、非产粮
大县公共财政收入水平比较

省份	人均公共财政收入（元/人）			县均公共财政收入（亿元/县）		
	产粮大县	非产粮大县	总样本	产粮大县	非产粮大县	总样本
河北	1188.40	1720.05	1482.88	6.36	6.99	6.75
山西	2387.78	2557.35	2533.06	7.30	6.61	6.69
内蒙古	1915.24	6900.76	4138.19	6.61	11.21	9.51
辽宁	4259.78	3965.69	4215.56	24.00	15.38	22.24
吉林	1631.13	3266.21	1900.14	9.08	7.71	8.65
黑龙江	1147.44	2780.92	1235.55	4.84	3.01	4.51
江苏	3823.39	9319.34	5865.73	35.62	85.58	54.36
浙江	4638.45	4919.22	4898.03	20.64	29.26	28.41
安徽	1436.78	1948.99	1577.95	14.01	9.74	12.19
福建	2356.38	3458.96	3241.33	7.79	17.71	14.98
江西	2385.76	2433.04	2408.77	13.96	9.76	11.52
山东	2825.43	2878.12	2836.33	21.60	19.12	21.03
河南	799.50	2511.16	1100.16	7.04	15.22	8.97
湖北	1378.30	1583.28	1473.53	11.00	8.89	9.84

续表

省份	人均公共财政收入（元/人）			县均公共财政收入（亿元/县）		
	产粮大县	非产粮大县	总样本	产粮大县	非产粮大县	总样本
湖南	1908.73	1623.98	1815.08	15.59	7.80	12.05
广东	1187.96	2073.59	2047.06	4.35	16.83	16.03
广西	857.62	930.88	914.72	5.91	4.73	4.94
重庆	1919.22	1796.71	1846.07	20.41	14.99	16.86
四川	812.89	1736.75	1233.93	6.82	5.59	5.97
贵州	1948.99	1551.70	1627.26	12.92	7.19	8.00
云南	1594.96	1536.05	1545.11	5.97	5.22	5.32
陕西	877.73	2045.51	1654.63	5.29	5.52	5.48
甘肃	1225.19	783.28	833.64	4.59	2.31	2.52
宁夏	3548.12	1341.38	2163.73	9.86	3.92	6.21

资料来源：《中国县（市）社会经济统计年鉴》（2002—2013）和《中国县域统计年鉴》（2014）。

第四章 我国粮食补贴政策
实施效果实证评价

粮食补贴政策是国家扶持粮食生产的重要举措。政策执行效果一向是政府决策部门和研究学者们关注的重点和热点问题。客观全面评价当前粮食补贴政策的执行效果，对于稳定粮食生产，保障国家粮食安全具有重要意义。通过对已有相关研究文献的综述可以看到，目前已有研究主要是针对局部地区从农民生产层面对我国粮食政策执行效果进行评价，而从全国总体层面对我国粮食补贴政策进行实证分析的文献较为缺乏。本书利用2001—2013年县域面板数据，从全国层面基于粮食生产、地方财政收入、农民收入三个视角对我国粮食补贴政策执行效果进行实证分析。

第一节 我国粮食补贴政策对粮食
生产作用效果评价

一 模型构建

本书通过构建粮食生产影响因素方程，实证分析粮食补贴政策对我国粮食生产的影响。粮食生产影响因素方程的构建，主要依据农业生产函数。现有相关文献对农业生产函数的选择主要包括柯布—道格拉斯（Cobb - Dauglas）生产函数、超越对数（Trans - log）生产函数和不变替代弹性（CES）生产函数三种。由于超越对数生产函数相对于柯布—道格拉斯生产函数和CES生产函数来讲，可以将投入要素之间的相互作用，以及投入要素与技术进步之间的相互作用等因素综合考虑进来，从而能够更为全面和客观地反映生产要素和技术进步等解释变量对农业生产的作用机理，因此，本书采用约束条件较为宽松的有偏技术进步的超越对数生产函数形式。

粮食生产方程具体形式设定如下：

$$\ln Y_t = \beta_0 + \sum_{i=1}^{n} \beta_i \ln X_{it} + \frac{1}{2} \sum_{i=1}^{n} \sum_{j=1}^{n} \beta_{ij} \ln X_{it} \cdot \ln X_{jt} + \beta_t t + \beta_{tt} t^2 +$$

$$\sum_{i=1}^{n} \beta_{it} \ln X_{it} \cdot t + \sum_{i=k}^{n} \beta_k X_{kt} + \beta_h P_i + \beta_{hGC} GC \cdot P_i + v_{it} \qquad (1)$$

其中，Y_t 是县 I 在时期 t 粮食产量。X_{it} 是县 I 在时期 t 粮食生产的相关投入要素，包括农业劳动力数量、粮食播种面积、农业机械总动力、化肥使用量。X_{kt} 是县 I 在时期 t 影响粮食生产的其他因素，具体包括自然灾害和粮食生产销售价格。其中，自然灾害因素用自然灾害强度指数来反映，本书自然灾害强度指数仿照白描和田维明（2011）构建农业生产函数的经验，将受灾面积占农作物总播种面积的比例以及成灾面积占农作物总播种面积的比例分别按照 10% 和 30% 的权重进行加权；粮食生产销售价格分别通过农产品生产价格指数和农业生产资料价格指数反映。t 是时间趋势变量，反映技术进步的影响，2001 年 $t=1$，以此类推，2013 年 $t=13$。P_i 是政策变量，包括农业税收政策变量和粮食补贴政策变量。对于农业税收政策（见表 4-1），国家于 2004 年在吉林、黑龙江两个粮食主产省先行免征农业税改革试点；2005 年，除河北、山东和云南，全国其余 28 个省（区、市）免征农业税；2006 年《农业税条例》正式废止，全国范围内取消了农业税。农业税收政策变量 P_1 用单位耕地面积的农业税收金额来反映。对于粮食补贴政策（见表 4-1），我国于 2002 年在吉林东丰和安徽天长、来安三县进行粮食直接补贴试点；2003 年粮食直接补贴范围进一步扩大，安徽、吉林、湖南、湖北、江苏、河南、内蒙古、河北、江西、新疆、浙江、广东、贵州 13 个省（区）在全省或部分县（市、区）实行了粮食直接补贴；2004 年粮食直接补贴政策在全国范围内全面实施，并且，随后国家又相继推出了一系列扶持粮食生产政策措施。需要补充说明的是，2004

年以来国家相继推出的一系列扶持粮食生产政策中包含了 2005 年开始实施的产粮大县奖励政策，由于产粮大县奖励资金以转移支付的形式拨付给地方财政，因此，本书的粮食补贴政策变量不反映产粮大县奖励政策的作用效果。粮食补贴政策变量 P_2 设置为虚拟变量，粮食补贴政策实施之前 $P_2 = 0$，粮食政策实施之后 $P_2 = 1$。GC 是产粮大县虚拟变量，产粮大县赋值 $GC = 1$，非产粮大县赋值 $GC = 0$。$GC \cdot P_i$ 是政策变量与产粮大县虚拟变量的乘交叉项，用来反映相关政策对产粮大县和非产粮大县作用效果的差异。

表 4 - 1　　　　粮食补贴政策和农业税收取消政策推行时间进度

农业政策	年份	进展
粮食补贴政策	2002	吉林东丰和安徽天长、来安 3 个县粮食直接补贴政策试点
	2003	安徽、吉林、湖南、湖北、江苏、河南、内蒙古、河北、江西、新疆、浙江、广东、贵州 13 个省（区）在全省或部分县（市、区）实行了粮食直接补贴政策
	2004	全国范围内全面实施粮食直接补贴政策，随后相继出台一系列粮食生产扶持政策
农业税收取消政策	2004	吉林、黑龙江 2 个粮食主产省农业税收取消政策试点
	2005	除河北、山东和云南，全国其余 28 个省取消农业税收
	2006	全国范围内取消农业税收

二　数据说明

模型估计采用的是 2001—2013 年我国 2000 多个县的非平衡面板数据。数据来源为县域农村经济基础资料数据库、《中国县（市）社会经济统计年鉴》（2002—2013）、《中国县域统计年鉴》（2014），总样本量为 32663 个。为了剔除通货膨胀因素的影响，对于涉及的第二产业 GDP、单位耕地面积农业税收等价值变量，采用消费者物价指数（2001 年为基期）进行平减。粮食生产方程相关变量的样本统计特征值在表 4 - 2 中进行报告。

表 4 - 2　　　　　　　粮食生产方程样本统计特征描述

变量		均值	标准差	最小值	最大值	观察值
粮食产量（万吨）	总体	21.69	25.95	0.00	333.42	N = 32663
	截面		24.44	0.00	255.76	n = 2714
	时序		7.60	-121.79	189.25	T - bar = 12.035
劳动力数量（万人）	总体	11.30	9.63	0.00	65.74	N = 32663
	截面		9.39	0.05	56.37	n = 2714
	时序		1.90	-22.69	38.03	T - bar = 12.035
播种面积（万公顷）	总体	4.11	4.17	0.00	44.06	N = 32663
	截面		4.02	0.00	38.50	n = 2714
	时序		0.91	-14.59	17.04	T - bar = 12.035
农业机械总动力（万千瓦）	总体	29.10	33.23	0.00	320.00	N = 32663
	截面		30.69	0.00	265.85	n = 2714
	时序		11.36	-98.86	234.36	T - bar = 12.035
化肥（万吨）	总体	2.10	2.61	0.00	26.30	N = 32663
	截面		2.35	0.00	23.67	n = 2714
	时序		1.09	-7.41	19.50	T - bar = 12.035
自然灾害强度指数	总体	0.05	0.07	0.00	0.40	N = 32663
	截面		0.04	0.00	0.28	n = 2714
	时序		0.06	-0.21	0.39	T - bar = 12.035
时间（2001 = 1）	总体	6.83	3.65	1.00	13.00	N = 32663
	截面		0.93	1.00	12.00	n = 2714
	时序		3.61	0.03	13.43	T - bar = 12.035
粮食政策（执行 = 1，否 = 0）	总体	0.79	0.41	0.00	1.00	N = 32663
	截面		0.11	0.00	1.00	n = 2714
	时序		0.40	-0.14	1.45	T - bar = 12.035
产粮大县（是 = 1，否 = 0）	总体	0.29	0.46	0.00	1.00	N = 32663
	截面		0.45	0.00	1.00	n = 2714
	时序		0.00	0.29	0.29	T - bar = 12.035
单位耕地面积农业税收（元/公顷）	总体	61.21	121.32	0.00	543.47	N = 32663
	截面		46.54	0.00	495.20	n = 2714
	时序		114.21	-211.59	518.36	T - bar = 12.035

变量		均值	标准差	最小值	最大值	观察值
农产品生产价格指数 （2001 = 100）	总体	141.74	43.96	0.00	286.51	N = 32663
	截面		17.90	70.00	234.51	n = 2714
	时序		40.52	50.83	252.90	T − bar = 12.035
农业生产资料价格指数 （2001 = 100）	总体	137.20	33.14	98.00	228.02	N = 32663
	截面		13.41	99.02	197.12	n = 2714
	时序		30.85	77.46	209.42	T − bar = 12.035

注：单位耕地面积农业税收已经采用消费者物价指数进行平减，剔除了通货膨胀因素。

三 估计结果及讨论

本书在估计过程中借鉴德里斯科尔和克拉伊（Driscoll and Kraay，1998）的方法解决了面板数据估计的异方差、序列相关问题，得到的面板数据固定效果模型估计结果在表4-3中进行报告。从估计结果可以看到，估计得到的粮食生产方程拟合优度为91.71%，表明粮食生产方程的拟合效果较好。

表4-3　　　　　　　　粮食生产方程估计结果

变量			估计系数	t 值
劳动	$\ln X_1$	β_1	0.2185 ***	4.41
播种面积	$\ln X_2$	β_2	0.5666 ***	11.32
农业机械总动力	$\ln X_3$	β_3	− 0.0054	− 0.31
化肥	$\ln X_4$	β_4	0.0601 ***	4.93
劳动×劳动	$\ln X_1 \cdot \ln X_1$	β_{11}	0.0637 ***	5.02
劳动×播种面积	$\ln X_1 \cdot \ln X_2$	β_{12}	− 0.0692 ***	− 5.68
劳动×农业机械总动力	$\ln X_1 \cdot \ln X_3$	β_{13}	− 0.0037	− 0.63
劳动×化肥	$\ln X_1 \cdot \ln X_4$	β_{14}	0.0109 *	1.94
播种面积×播种面积	$\ln X_2 \cdot \ln X_2$	β_{22}	− 0.0076	− 0.62
播种面积×农业机械总动力	$\ln X_2 \cdot \ln X_3$	β_{23}	0.0046 *	1.73
播种面积×化肥	$\ln X_2 \cdot \ln X_4$	β_{24}	0.0027	0.27

变量			估计系数	t值
农业机械总动力×农业机械总动力	$\ln X_3 \cdot \ln X_3$	β_{33}	0.0025	1.17
农业机械总动力×时间	$\ln X_3 \cdot \ln X_4$	β_{34}	− 0.0016	− 0.31
化肥×化肥	$\ln X_4 \cdot \ln X_4$	β_{44}	− 0.0010	− 0.17
时间×劳动	$t \cdot \ln X_1$	β_{t1}	− 0.0157 ***	− 3.73
时间×播种面积	$t \cdot \ln X_2$	β_{t2}	0.0151 ***	3.18
时间×农业机械总动力	$t \cdot \ln X_3$	β_{t3}	0.0040 ***	3.14
时间×化肥	$t \cdot \ln X_4$	β_{t4}	− 0.0054 ***	− 4.35
时间	t	β_t	0.0242 *	1.91
时间×时间	tt	β_{tt}	− 0.0004	− 1.05
自然灾害强度指数	X_5	β_5	− 0.3916 ***	− 5.36
农产品生产价格指数	X_6	β_6	0.0000 *	1.75
农业生产资料价格指数	X_7	β_7	0.0002	0.58
单位耕地面积农业税收	X_8	β_8	− 0.0000	− 0.81
产粮大县×单位耕地面积农业税收	$GC \cdot X_8$	β_{8GC}	− 0.0001 ***	− 4.07
粮食补贴政策	X_9	β_9	0.0334 **	2.11
产粮大县×粮食补贴政策	$GC \cdot X_9$	β_{9GC}	0.0325 **	2.45
常数项	_ CONS	β_0	1.3512 ***	11.58
Within R^2			0.9171	
样本量			32663	

注：*、**、*** 分别表示估计量在 0.1、0.05、0.01 的置信水平上显著。

（一）县域粮食生产影响因素的总体判断

粮食生产方程估计结果显示，除劳动、播种面积、农业机械总动力、化肥施用量等生产要素投入显著影响到粮食产量外，自然灾害强度指数、农产品生产价格指数、农业税收政策、粮食补贴政策均是影响粮食产量的显著因素。自然灾害指数的估计系数显著为负，表明自然灾害的发生会明显降低粮食产量，这与通常的预期相符。农产品生产价格指数的估计显著为正，但是农业生产资料价格指数的估计系数并不显著，表明上一年度农产品价格会显著影响本年度农民粮食生产的决策，如果上一年度农产品价格较高则会显著促进本年度粮食产量的增长，但是农业生产资料的价格对粮食产量的影响却微乎其微，这也表明了农民粮食生产决策时更加看重的是粮食销售价格，而投入成本价格的影响并不明显。农业税收政策变量的估计系数不显著，表明对于非产粮大县而言，农业税收政策对粮食生产的影响非常小；但是，农业税收政策与产粮大县虚拟变量交叉项的估计系数显著为负，表明对于产粮大县而言，农业税收政策的取消对粮食产量的增加却具有显著的促进作用。粮食补贴政策变量的估计系数显著为正，表明粮食补贴政策对提高粮食生产具有促进作用；粮食补贴政策与产粮大县虚拟变量的交叉项估计系数显著为正，表明对于产粮大县而言，粮食补贴政策对提高粮食生产的促进作用表现得更为明显。

（二）粮食补贴政策对县域粮食生产影响的定量评价

粮食生产方程的估计结果显示，粮食补贴政策以及粮食补贴政策与产粮大县交叉项估计系数分别为 0.0334 和 0.0325，仿效 Halvorsen 和 Palmquist（1980）关于虚拟变量解释意义的建议方法，虚拟变量对被解释变量均值的影响为取所估计的系数的反对数（以 e 为基底）再从中减去 1，计算得到粮食补贴政策对产粮大县和非产粮大县粮食产量的边际影响分别为 0.0681 和 0.0340，说明粮食补贴政策的实施使产粮大县粮食产量提高了 6.81%，使非产粮大县粮食产量提高了 3.40%，我国粮食补贴政策实施对粮食产量的增长发挥了积极的促进作用。

第二节　我国粮食补贴政策对县级财政收入作用效果评价

一　模型构建

地方公共财政收入是构成地方可用财力的自身收入部分，是反映一个地区综合经济实力的重要指标。本书通过采用双对数模型构建地方公共财政收入影响因素方程，实证分析粮食补贴政策对地方政府财政收入的影响。构建地方公共财政收入影响因素方程，考虑的相关影响因素主要有三个方面：一是第一、第二、第三产业发展状况。反映第一、第二、第三产业发展最直接的指标是各产业GDP。但是，对于第一产业，为了能够反映产业内部粮食等各部门对公共财政收入的影响，本书将主要农产品产量，包括粮食产量、棉花产量、油料作物产量和肉类产量作为反映第一产业发展状况指标；对于第二产业，直接采用第二产业GDP作为反映第二产业发展状况指标；对于第三产业，由于统计资料中缺少关于第三产业GDP的统计数据，本书采用城镇化率作为第三产业GDP的替代变量来反映第三产业发展状况。二是相关政策变量，控制农业税收政策、粮食补贴政策等变化对地方公共财政收入的影响。三是时间趋势，控制随时间变化没有观察到的其他趋势性因素对地方公共财政收入的影响。

财政收入方程具体形式设定如下：

$$\ln Y_t = \beta_0 + \beta_i \ln X_{it} + \beta_j P_i + \beta_k GC \cdot P_i + \beta_t t + \beta_{tt} t^2 + v_{it} \qquad （2）$$

其中，Y_t 是县 I 在时期 t 的地方公共财政收入。X_{it} 包括反映县 I 在时期 t 的第一产业发展情况的粮食产量、棉花产量、油料作物产量和肉类产量，第二产业 GDP，以及反映第三产业发展状况的城镇化率指标。P_i 是政策变量，具体包括农业税收政策变量和粮食补贴政策变量。同之前粮食生产方程中的定义一致，农业税收政策 P_1 用单位耕地面积的农业税收金额来反映；粮食补贴政策 P_2 设置为虚拟变量，粮食补贴政策实施之前 $P_2 = 0$，粮食政策实施之后 $P_2 = 1$。GC 表示产粮大县虚拟变量，产粮大县赋值 $GC = 1$，非产粮大县赋值 $GC = 0$。$GC \cdot P_i$ 是政策变量与产粮大县虚拟变量乘以交叉项，用来反映产粮大县与非产粮大县相比政策效果的差异。t 是时间趋势变量，2001 年 $t = 1$，以此类推，2013 年 $t = 13$。

二　数据说明

模型估计采用 2001—2013 年我国 2000 多个县的非平衡面板数

据，总样本数量为 26400 个。数据来源为《中国县（市）社会经济统计年鉴》（2002—2013）、《中国县域统计年鉴》（2014）。为了剔除通货膨胀因素的影响，对于涉及的地方公共财政收入变量、产业GDP 变量和单位耕地面积农业税收金额变量等价值变量，采用消费者物价指数（2001 年为基期）进行平减。财政收入方程相关变量的样本统计特征值在表4-4中报告。

表4-4　　　　　　　财政收入方程样本统计特征描述

变量		均值	标准差	最小值	最大值	观察值
财政收入（亿元）	总体	3.36	7.51	0.00	179.10	N = 26400
	截面		6.52	0.02	94.87	n = 2112
	时序		4.36	-70.53	95.83	T - bar = 12.5
粮食产量（万吨）	总体	22.75	26.05	0.00	333.42	N = 26400
	截面		23.80	0.00	255.76	n = 2112
	时序		10.54	-133.91	166.23	T - bar = 12.5
棉花产量（万吨）	总体	0.40	16.28	0.00	2278.67	N = 26400
	截面		4.49	0.00	176.18	n = 2112
	时序		15.63	-175.78	2102.88	T - bar = 12.5
油料产量（万吨）	总体	2.11	71.89	0.00	7087.59	N = 26400
	截面		19.74	0.00	550.28	n = 2112
	时序		69.02	-548.16	6539.42	T - bar = 12.5
肉类产量（万吨）	总体	3.75	4.12	0.00	72.92	N = 26400
	截面		3.87	0.01	45.56	n = 2112
	时序		1.35	-19.85	46.56	T - bar = 12.5
第二产业 GDP（亿元）	总体	33.34	64.27	0.00	1243.72	N = 26400
	截面		56.02	0.11	711.66	n = 2112
	时序		32.53	-539.52	565.40	T - bar = 12.5
城镇化率	总体	0.19	0.15	0.00	1.00	N = 26400
	截面		0.14	0.00	1.00	n = 2112
	时序		0.05	-0.43	1.02	T - bar = 12.5
单位耕地面积农业税收（元/公顷）	总体	58.31	118.41	0.00	543.47	N = 26400

变量		均值	标准差	最小值	最大值	观察值
单位耕地面积 农业税收（元/公顷）	截面		39.68	0.00	473.71	n = 2112
	时序		112.18	-162.83	515.46	T - bar = 12.5
粮食补贴政策 （执行 = 1，否 = 0）	总体	0.80	0.40	0.00	1.00	N = 26400
	截面		0.10	0.00	1.00	n = 2112
	时序		0.40	-0.13	1.30	T - bar = 12.5
产粮大县 （是 = 1，否 = 0）	总体	0.35	0.48	0.00	1.00	N = 26400
	截面		0.47	0.00	1.00	n = 2112
	时序		0.00	0.35	0.35	T - bar = 12.5
时间（2001 = 1）	总体	7.03	3.76	1.00	13.00	N = 26400
	截面		0.80	1.00	12.50	n = 2112
	时序		3.74	-0.84	13.28	T - bar = 12.5

注：公共财政收入、第二产业 GDP、单位耕地面积农业税收已经采用消费者物价指数进行平减，剔除了通货膨胀因素的影响。

三　估计结果及讨论

本书在估计过程中借鉴 Driscoll 和 Kraay（1998）的方法，解决了面板数据估计的异方差、序列相关问题，得到的面板数据固定效果模型的估计结果在表4-5中进行报告。从估计结果可以看到，估计得到的财政收入方程拟合优度为84.43%，表明财政收入方程整体拟合效果较好。

表4-5　　　　　　　　　　财政收入影响因素估计结果

变量		估计系数	t 值
粮食产量	β_1	-0.0537 ***	-5.31
棉花产量	β_2	0.0000	0.03
油料产量	β_3	0.0051 ***	3.09
肉类产量	β_4	0.0106 ***	3.64
第二产业 GDP	β_5	0.3878 ***	12.87
城镇化率	β_6	0.0118 *	1.94

续表

变量		估计系数	t 值
粮食补贴政策	β_7	− 0.0327 **	− 2.73
产粮大县 × 粮食补贴政策	β_8	− 0.0332 ***	− 3.86
单位耕地面积农业税收	β_9	0.0003 ***	3.07
产粮大县 × 单位耕地面积农业税收	β_{10}	0.0003 ***	8.99
时间	β_{11}	0.0085	0.47
时间 × 时间	β_{12}	0.0072 ***	8.65
常数项	β_0	− 1.1246 ***	− 31.54
Within R^2		0.8443	
样本量		26400	

注：*、**、***分别表示估计量在0.1、0.05、0.01 的置信水平上显著。

（一）县域财政收入影响因素总体判断

财政收入方程估计结果显示，第一产业中，粮食产量、油料产量、肉类产量均是影响地方公共财政收入的显著因素，棉花产量对地方公共财政收入的影响不显著。粮食产量估计系数显著为负，表明粮食产量的增长对地方公共财政收入有负向影响，验证了"产粮大县，财政穷县"的结论。而油料产量和肉类产量的估计系数显著为正，表明油料产量和肉类产量的增长对地方公共财政收入有正向影响。2006 年农业税、屠宰税、牧业税、农业特产税（烟叶税除外）农业四税取消后，粮食生产、肉类生产等几乎所有的农业生产都不会对当地公共财政收入有直接的贡献，但油料产量和肉类产量较高的县，通常对应的油料加工业和肉类的屠宰加工业会有较好的发展，从而为当地财政税收做出贡献；虽然粮食加工业也能够对地方财政做贡献，然而粮食产量较高县通常肩负着向非产粮大县或者粮食主销区提供商品粮的使命，调出粮食通常为原粮，调出原粮的加工环节在非产粮大县或者粮食主销区进行，很大程度上削弱了产粮大县粮食生产所能够带动的粮食加工业的发展能力。因此，从上述估计结果可以得出，产粮大县因为粮食生产比经济作物生产、养殖业经营等获得的经济收益少，从而降低了公共财政收入水平。

第二产业 GDP 的估计系数是显著为正，表明第二产业发展状况是影响县级公共财政收入的显著因素；估计系数 0.39，表明第二产业 GDP 每提高 1%，会使当地人均公共财政收入增长 0.39%。反映第三产业发展状况的城镇化率的估计系数显著为正，表明第三产业发展状况也是影响县级公共财政收入的显著因素。因此，从上述估计结果可以得出，产粮大县因为粮食生产比发展第二、第三产业经济收益少，使得地方公共财政收入水平较低。

此外，模型实证结果显示，粮食补贴政策、农业税收政策是影响地方公共财政收入的显著因素。农业税收政策变量系数显著为正，表明农业税收会增加地方公共财政收入，而农业税收政策取消会降低地方公共财政收入；产粮大县与农业税收政策变量交叉项系数显著为正表明，对于产粮大县而言，农业税收政策对地方公共财政收入有更高的贡献，而农业税收政策的取消对地方公共财政收入有更大的负向影响。粮食补贴政策变量系数显著为负，表明粮食补贴政策的实施之后，促进了粮食生产，使粮食在产业结构中的比重更大，而粮食生产比较效益差的状况使这一改变不利于地方公共财政收入的增长；产粮大县与粮食补贴政策变量交叉项系数显著为负，表明对于产粮大县而言，粮食补贴政策对产粮大县粮食生产有更强的激励效果，结果更不利于地方公共财政收入的增长。

（二）粮食补贴、粮食生产对地方财政收入影响的定量评价

粮食补贴政策以及产粮大县与粮食补贴政策交叉项估计数据分别为 -0.0327 和 -0.0332。仿效 Halvorsen 和 Palmquist（1980）关于虚拟变量解释意义的建议方法，虚拟变量对被解释变量均值的影响为取所估计的系数的反对数（以 e 为基底）再从中减去 1，计算得到粮食补贴政策对非产粮大县县财政收入的边际影响为 -0.0322，即粮食补贴的实施使非产粮大县县级财政收入下降 3.22%；根据粮食补贴政策的估计系数，以及产粮大县与粮食补贴政策交叉项的估计系数，可以计算得到粮食补贴政策对产粮大县县财政收入的边际影响为 -0.0638，即粮食补贴的实施使产粮大县县级财政收入下降

6.38%。产生这一结果的原因主要是，粮食补贴实施后促进了粮食生产的增加，使粮食在产业结构的比重更大，同时，政府将更多物力财力投入到粮食生产中来，其他可为政府提供税收收入的产业的发展受到约束，而且，对产粮大县来讲政策作用的效果更为突出。

此外，粮食产量估计系数显著为负，验证了"产粮大县，财政穷县"的结论；估计系数为 -0.0537，说明粮食产量每增长1%，县财政公共收入会下降 0.0537%。根据对样本县的统计数据，2003—2013 年 1369 个非产粮大县粮食增产 31.05%，据此计算，2004 年以来，粮食产量的增加以及粮食补贴的实施所引致的粮食在产业结构中的比重增加共拉低非产粮大县财政收入 4.89%；2003—2013 年 704 个产粮大县粮食增产 67.18%，据此计算，2004 年以来，粮食产量的增加以及粮食补贴的实施所引致的粮食在产业结构中的比重增加共拉低产粮大县财政收入 9.98%。

第三节　我国粮食补贴政策对农民收入作用效果评价

一　模型构建

本书通过构建农民收入影响因素方程，实证分析粮食补贴政策对农民收入的影响。

借鉴 Mincer 收入方程，农民收入方程具体形式设定如下：

$$\ln Y_t = \beta_0 + \beta_i X_{it} + \beta_t t + \beta_{tt} t^2 + \alpha_1 P_i + \alpha_2 GC \cdot P_i + v_{it} \tag{3}$$

其中，Y_t 是县 I 在时期 t 的农民人均收入。X_{it} 包括县 I 在时期 t 的劳动力负担系数（农村人口与劳动力的比值）、人均耕地面积。t 是时间趋势变量，控制随时间变化的没有观察到的其他趋势性因素对农民收入的影响，2001 年 $t=1$，以此类推，2013 年 $t=13$。P_i 是政策变量，具体包括农业税收政策变量和粮食补贴政策变量。农业税收政策 P_1 设置为虚拟变量，农业税征收年份 $P_1=1$，农业税取消之后 $P_1=0$；粮食补贴政策 P_2 设置为虚拟变量，粮食补贴政策实施

之前 $P_2 = 0$，粮食政策实施之后 $P_2 = 1$。GC 是产粮大县虚拟变量，产粮大县赋值 $GC = 1$，非产粮大县赋值 $GC = 0$。$GC \cdot P_i$ 是政策变量与产粮大县虚拟变量乘以交叉项，用来反映相关政策对产粮大县和非产粮大县相比作用效果差异。

二　数据说明

模型估计采用 2001—2013 年我国 2000 多个县的非平衡面板数据。数据来源为县域农村经济基础资料数据库、《中国县（市）社会经济统计年鉴》（2002—2013）、《中国县域统计年鉴》（2014），总样本量为 23953 个。为了剔除通货膨胀因素的影响，对于涉及的农民收入等价值变量，采用消费者物价指数（2001 年为基期）进行平减。农民收入方程相关变量的样本统计特征值在表 4 - 6 中进行报告。

表 4 - 6　　　　　　　　农民收入方程样本统计特征描述

变量		均值	标准差	最小值	最大值	观察值
农村居民人均纯收入（元/人）	总体	3330.87	2792.27	0.21	25958.00	N = 23953
	截面		2215.22	410.77	20713.25	n = 2079
	时序		1890.87	-7390.08	23414.84	T - bar = 11.5214
劳动力负担系数	总体	0.00	0.01	1.05	1.67	N = 23953
	截面		0.00	0.00	0.15	n = 2079
	时序		0.01	-0.15	1.52	T - bar = 11.5214
农村居民人均耕地面积（亩/人）	总体	2.50	3.26	0.04	29.90	N = 23953
	截面		2.74	0.00	23.54	n = 2079
	时序		1.69	-13.94	27.61	T - bar = 11.5214
粮食政策（执行 =1，否 =0）	总体	0.74	0.44	0.00	1.00	N = 23953
	截面		0.10	0.00	1.00	n = 2079
	时序		0.43	-0.17	1.49	T - bar = 11.5214
时间（2001 =1）	总体	5.86	3.22	1.00	13.00	N = 23953
	截面		0.76	1.00	12.00	n = 2079
	时序		3.18	-0.47	13.43	T - bar = 11.5214
农业税收政策（有 =1，无 =0）	总体	0.41	0.49	0.00	1.00	N = 23953
	截面		0.10	0.00	1.00	n = 2079
	时序		0.49	-0.43	1.26	T - bar = 11.5214

变量		均值	标准差	最小值	最大值	观察值
产粮大县 （是 = 1，否 = 0）	总体	0.36	0.48	0.00	1.00	N = 23953
	截面		0.47	0.00	1.00	n = 2079
	时序		0.00	0.36	0.36	T - bar = 11.5214

注：农村居民人均纯收入已经采用消费者物价指数进行平减，剔除了通货膨胀因素的影响。

三　估计结果及讨论

本书估计过程中借鉴德里斯科尔和克拉伊（1998）方法解决了面板数据估计的异方差、序列相关问题，得到的面板数据固定效果模型的估计结果在表 4 - 7 中进行报告。从估计结果可以看到，估计得到的农民收入方程拟合优度为 87.10%，表明农民收入方程的拟合效果较好。

表 4 - 7　　　　　　　　农业收入影响因素估计结果

变量		估计系数	t 值
劳动力负担系数	β_1	- 0.2193 ***	- 7.51
人均耕地面积	β_2	0.0308 ***	2.30
粮食补贴政策	β_3	0.0584 **	2.07
产粮大县 × 粮食补贴政策	β_4	0.0335 ***	2.32
农业税收政策	β_5	- 0.0446 ***	- 2.16
产粮大县 × 农业税收政策	β_6	- 0.0223 **	- 2.47
常数项	β_0	7.9447 ***	36.77
Within R^2		0.8710	
样本量		23953	

注：**、*** 分别表示估计量在 0.05、0.01 的置信水平上显著。

（一）农民收入影响因素总体判断

农民收入方程估计结果显示，劳动力负担系数的估计系数显著为负，表明劳动力占家庭人口数量的比重越大，越有利于提高农民收入水平，这与通常的预期相符。人均耕地面积的估计系数显著为正，表明耕地数量越多越有利于提高农民收入水平。农业税收政策变量的估计系数，以及农业税收政策与产粮大县虚拟变量交叉项的估计系数均显著为负，表明农业税收政策的取消有利于农民收入水平的提高，而且对于产粮大县而言，这一政策作用的效果更为显著。粮食补贴政策变量的估计系数以及粮食补贴政策与产粮大县虚拟变量的交叉项估计系数均显著为正，表明粮食补贴政策对提高农民收入具有积极的促进作用，而且对于产粮大县而言，这一政策作用的效果更为显著。

（二）粮食补贴政策对农民收入影响的定量评价

农民收入方程估计结果显示，粮食补贴政策以及粮食补贴政策与产粮大县交叉项估计系数分别为 0.0584 和 0.0335，仿效 Halvorsen 和 Palmquist（1980）关于虚拟变量解释意义的建议方法，虚拟变量对被解释变量均值的影响为取所估计的系数的反对数（以 e 为基底）再从中减去 1，计算得到粮食补贴政策对产粮大县和非产粮大县农民收入的边际影响分别为 0.0963 和 0.0601，说明粮食补贴政策的实施使产粮大县农民收入提高 9.63%，使非产粮大县农民收入提高 6.01%，我国粮食补贴政策实施对农民收入的增长发挥了促进作用。

第五章 我国粮食生产比较效益分析

粮食生产比较效益是粮食安全问题和粮食主产区（县）利益补偿机制研究中的重要关注点。虽然目前普遍观点认为"粮食生产比较效益低下"是影响我国粮食可持续发展的重要因素，但是已有文献中关于粮食生产比较效益的系统深入的定量研究却相对缺乏，并且已有研究关于粮食生产比较效益的分析结果也不尽相同。其中，唐茂华和黄少安（2011）利用成本利润指标对粮食比较效益进行分析的结果表明，粮食比较收益要高于大多数行业；然而，李首涵、何秀荣和杨树果（2015）的研究指出，按照官方成本利润指标的核算，我国粮食生产的比较效益极高，但是由于官方成本核算体系中关于劳动力成本的核算存在一定的缺陷，导致粮食生产的成本利润率存在严重的虚高现象。本书在借鉴已有相关文献基础上，首先通过利用全国层面的宏观数据分析粮食生产相对于工业生产、经济作物生产、畜禽养殖，以及务工收入的比较效益状况，再通过利用农户微观数据做相应的补充分析。

第一节 概念界定和数据来源

一 概念界定

对于粮食生产经济效益的衡量主要有单位面积净利润、成本利润率、单位面积净收入和工日报酬四个指标。

单位面积净利润是反映单位面积农产品收益水平的指标。《全国农产品成本收益资料汇编》将净利润定义为总产值扣除所有的生产成本。生产成本包括三大方面：一是所有的物质与服务费用；二是劳动成本，包括生产者自身劳动投入折价和雇工劳动投入费用；三是土地成本，包括自营土地投入折价和流转土地租金。

成本利润率是反映农产品投入产出水平的指标，《全国农产品成本收益资料汇编》将成本利润率定义为净利润与生产成本之比。

单位面积净收入也是反映单位面积农产品收益水平指标，但与经济核算中净利润有所不同。由于大多数小农在实际生产过程中更为关注的是总收入扣除一切直接支出后的余额（未扣除家庭劳动投入的用工折价），农产品成本核算中将这一余额称为"净收入"（李首涵、何秀荣和杨树果，2015）。因而，本书也将针对这一指标进行相应的对比分析。净收入等于净利润与家庭用工折价之和。

工日报酬是劳动者获得的日均收益。对于雇佣工人而言，《全国农产品成本收益资料汇编》直接将工日报酬以雇工工价表达。对于农业生产者而言，工日报酬是生产自身劳动投入所获得的日均净收入，等于净收入与家庭用工工日之比。

此外，由于农户调研中缺乏对农户家庭自营土地折价合理准确的折算依据数据，而且不同农户对自身家庭劳动投入的估计存在较大差异，这些因素直接影响到利用微观农户数据核算相关成本收益指标的准确性。因此，在采用农户微观数据进行粮食生产比较效益的分析时，主要采用的是与《全国农产品成本收益资料汇编》所对应的单位面积现金收益指标，以及与之对应的现金成本利润率指标。现金收益指的是总收入扣除现金支出后的余额（未扣除家庭自营土地折价和家庭劳动投入用工折价）。现金成本利润率指的是现金收益与现金支出之比。同时，为了微观数据和宏观数据相关指标之间具有可比性，本书也对宏观数据进行了单位面积现金收益指标的计算，并增加了劳均现金收益指标的计算。劳均现金收益是现金收益与家庭用工工日之比。

鉴于不同行业和部门之间指标的可对比性，在对粮食生产和工业生产经济效益进行比较分析时，采用的是成本利润率指标；在对粮食生产和经济作物生产的经济效益进行比较分析时，采用的是成本利润率、单位面积净利润、单位面积净收入、单位面积现金收益和工日报酬五个指标；在对粮食生产和畜牧养殖的经济效益进行比较分析时，采用的是成本利润率和工日报酬两个指标；在对粮食生产的经济效益和务工收入进行比较分析时，采用的是工日报酬指标。

二 数据来源

基于宏观数据的考证分析中，粮食生产、经济作物生产、畜牧养殖的成本收益数据来源于《全国农产品成本收益资料汇编》（历年）。由于《全国农产品成本收益资料汇编》关于 2004 年以来的数据统计采用了新的统计口径，与 2003 年及之前统计口径有所不同，因此，本书在对 2003 年及之前的数据的处理上均按照《全国农产品成本收益资料汇编》关于统计口径调整的说明对相关数据进行调整和计算，使相关数据的计算口径具有一致性。

基于微观数据考证分析中，本书采用的是课题组对山东、河南、吉林、黑龙江四个省 1423 个农户 2012 年家庭经营状况的调查数据。其中，山东 318 户，河南 398 户，吉林 295 农户，黑龙江 412 户。调查内容包括了农户粮食生产、经济作物生产和畜禽养殖的成本收益情况，以及农户获得的粮食补贴情况。

第二节　基于宏观数据的考证分析

一　粮食经济效益变动趋势的主要特征

根据《全国农产品成本收益资料汇编》中公布的稻谷、玉米、小麦三种粮食平均的净利润变动趋势，2000 年以来，粮食生产的净利润水平存在较为明显的波动。2000—2003 年三种粮食平均净利润一直处于较低水平；2004 年有较为明显的升高，每公顷净利润水平达到 2947.50 元；但紧接着后面的 2005 年又有明显的下降，每公顷净利润水平下降到 1838.70 元；之后 2006—2011 年呈现缓慢的逐步上升趋势，2011 年达到 2000 年以来的历史最高点，每公顷净利润水平上升到 3761.40 元；2012 年和 2013 年均呈现出较为明显的下降，2013 年大约回到 2003 年的水平，每公顷净利润水平为 1094.10 元；2014 年虽然较 2013 年有所回升，每公顷净利润水平为 1871.70 元，但距离最高点 2011 年的净利润水平仍有很大差距。

　　粮食生产净利润水平主要取决于单位面积粮食产量、粮食价格和生产成本三方面因素。2004 年粮食生产净利润水平明显升高，是产量增长快、粮食价格增长快和粮食生产成本相对较低等多面利好因素共同作用的结果。2004 年国家出台粮食扶持政策，在政策的引导和激励下，粮食单产水平明显提高，粮食价格得到提升，单位面积粮食产值有了明显增长；而且，在这一时期，粮食生产资料价格的增长趋势刚刚开始，粮食生产成本处于较低的水平。因此，可以说，2004 年粮食净利润水平增长达到阶段性高点，是粮食扶持政策刚刚出台，有利因素的影响充分发挥，不利因素的影响尚未显现的结果。2005 年，粮食单位面积产量和粮食价格都有微弱的下降，同时粮食生产成本继续呈现增长趋势，导致 2005 年粮食生产净利润水平较 2004 年有明显回落。2005 年之后，粮食价格维持了较为明显的增长趋势，再加之粮食单产水平一直保持增长趋势，使得单位面积粮食产值的增长速度高于粮食生产资料价格增长引致的粮食生产成本的增长速度，2006—2011 年，粮食生产净利润水平总体呈现较为稳定的缓慢增长趋势。2012 年之后，粮食价格增长速度明显趋缓，粮食单产增长乏力，但粮食生产资料价格增长更为迅速，导致粮食生产成本高速增长，从而使得粮食生产净利润又呈现出较为明显的下滑趋势。

二　粮食生产和工业生产的经济效益比较

　　在对粮食生产和工业生产经济效益进行比较时，首先根据《全国农产品成本收益资料汇编》公布的粮食生产成本利润率数据和《中国统计年鉴》公布的工业生产成本利润率数据进行了对比分析，发现粮食生产并不比工业生产具有特别差的成本利润率。从图 5-2 可以看到，2000—2014 年稻谷、玉米和小麦三种粮食生产的平均成本利润率总体上明显高于工业生产的平均成本利润率。将稻谷、玉米、小麦和大豆 4 种粮食作物与 40 个工业部门的成本利润率进行排

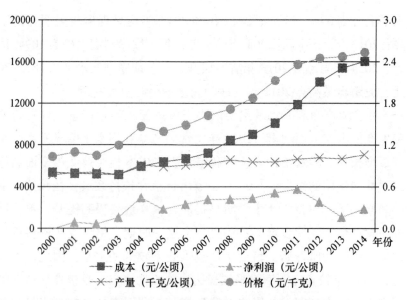

图 5 - 1　2000—2014 年三种粮食平均成本收益变动趋势

注：左坐标轴对应成本、净利润、产量数据，右坐标轴对应价格数据。

资料来源：《全国农产品成本收益资料汇编》（历年）。

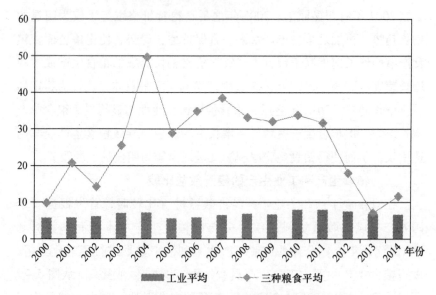

图 5 - 2　2000—2014 年三种粮食平均成本利润率

（基于官方工价）和工业平均成本利润率

资料来源：《全国农产品成本收益资料汇编》（历年）和《中国统计年鉴》（历年）。

序（为了避免年际间的波动对比较结果的影响，采用了 2012—2014 年三年的平均值进行比较），从表 5 - 1 可以看到，仅有石油和天然气开采、烟草制品两个部门的成本利润率高于稻谷的成本利润率水

表 5 - 1 　　　　2012—2014 年粮食生产与工业生产

成本利润率（基于官方工价）

序号	行业	成本利润率	序号	行业	成本利润率
1	石油和天然气开采业	51.03	23	橡胶和塑料制品业	7.19
2	烟草制品业	33.76	24	开采辅助活动	7.10
3	稻谷	19.31	25	交通运输设备制造业	6.83
4	黑色金属矿采选业	13.36	26	化学原料和化学制品制造业	6.83
5	玉米	12.25	27	计算机、通信和其他电子设备制造业	6.82
6	酒、饮料和精制茶制造业	10.83	28	金属制品业	6.80
7	有色金属矿采选业	10.56	29	其他制造业	6.78
8	医药制造业	9.63	30	电气机械和器材制造业	6.75
9	非金属矿采选业	9.24	31	纺织服装、服饰业	6.74
10	其他采矿业	8.87	32	电力、热力生产和供应业	6.72
11	煤炭开采和洗选业	8.84	33	废弃资源综合利用业	6.58
12	仪器仪表制造业	8.50	34	造纸和纸制品业	6.54
13	印刷和记录媒介复制业	8.32	35	农副食品加工业	6.45
14	非金属矿物制品业	8.17	36	纺织业	6.38
15	食品制造业	7.97	37	文教、工美、体育和娱乐用品制造业	6.36
16	大豆	7.92	38	有色金属冶炼和压延加工业	4.97
17	皮革、毛皮、羽毛及其制品和制鞋业	7.88	39	水的生产和供应业	4.85
18	燃气生产和供应业	7.82	40	金属制品、机械和设备修理业	4.77
19	专用设备制造业	7.79	41	黑色金属冶炼和压延加工业	4.38
20	木材加工和木、竹、藤、棕、草制品业	7.77	42	化学纤维制造业	4.04
21	家具制造业	7.54	43	小麦	3.42
22	通用设备制造业	7.37	44	石油加工、炼焦和核燃料加工业	2.92

注：成本利润率为 2012—2014 年均值，按照自高到低排序。

资料来源：《中国统计年鉴》（历年）和《全国农产品成本收益资料汇编》（历年）。

平，稻谷、玉米和大豆的成本利润率水平分别位居 44 个部门的第 3 位、第 5 位和第 16 位，仅小麦排序较为靠后（居第 43 位）。而且，从 2000—2014 年粮食生产和工业生产各部门历年成本利润率排序的情况看（见表 5 - 1），除个别年份中个别粮食品种排序较为靠后外，粮食生产的成本利润率总体都比较靠前。

表 5 - 2   2000—2014 年粮食生产与工业

生产成本利润率（基于官方工价）

年份	三种粮食平均	工业平均	最大值	最小值	行业数量	排序位次			
						稻谷	玉米	小麦	大豆
2000	9.80	21.26	71.3	-3.96	39	3	5	39	2
2001	20.71	5.79	62.74	-0.33	39	4	3	37	2
2002	14.27	6.14	65.55	-4.55	39	5	3	39	1
2003	25.47	7.03	84.37	-1.77	42	4	5	28	1
2004	49.69	7.17	81.33	-1.18	42	2	5	4	3
2005	28.84	5.57	88.49	-2.92	42	2	5	7	4
2006	34.83	5.85	84.22	-0.45	42	2	3	5	6
2007	38.49	6.48	65.41	-0.1	42	4	5	6	2
2008	33.14	6.86	58.29	1.30	42	4	5	6	2
2009	32.04	6.71	36.77	-0.55	42	1	3	6	4
2010	33.77	7.96	40.41	2.58	42	1	3	6	4
2011	31.70	7.96	43.61	2.97	42	1	3	7	5
2012	17.98	7.59	59.57	2.56	44	3	5	44	4
2013	7.11	6.83	51.9	-1.40	44	3	17	44	39
2014	11.68	6.69	41.62	-3.86	44	3	13	7	44

注：排序位次是指四种粮食作物与工业各行业生产成本利润率按照自高到低的顺序进行排序，各部门所对应的位次。

资料来源：《中国统计年鉴》（历年）和《全国农产品成本收益资料汇编》（历年）。

上面分析结果显然与我国粮食生产比较效益偏低的普遍认识和主流判断截然相反。造成这一误判的原因在于《全国农产品成本收益资料汇编》中关于农产品成本利润的核算有一个较为明显的缺陷：农业生产家庭用工核算工价明显低于当地农业生产雇工市场的实际工价；然而，粮食生产中的用工投入主要来自家庭用工投入，这一缺陷导致《全国农产品成本收益资料汇编》中的官方核算明显压低了家庭用工投入，抬高了净利润水平，从而形成了虚高的粮食生产成本利润率（李首涵、何秀荣和杨树果，2015）。因此，本书依据李首涵、何秀荣和杨树果（2015）核算方法，利用粮食生产的雇工价格对粮食生产的家庭劳动投入价格进行矫正，对粮食生产的成本利润率进行重新计算，图 5 - 3、表 5 - 3 和表 5 - 4 报告了相应的计算结果。

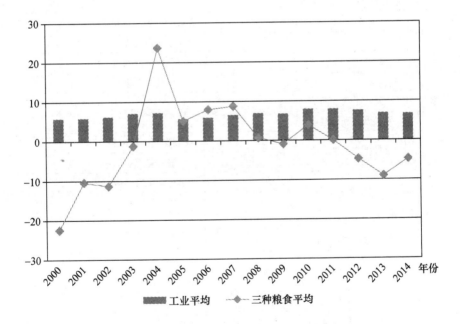

图 5 - 3　2000—2014 年三种粮食平均成本利润率
（基于市场工价）和工业平均成本利润率

资料来源：《全国农产品成本收益资料汇编》（历年）和《中国统计年鉴》（历年）。

表5-3 2014年粮食生产与工业生产成本利润率（基于市场工价）

序号	行业	成本利润率	序号	行业	成本利润率
1	石油和天然气开采业	51.03	23	化学原料和化学制品制造业	6.83
2	烟草制品业	33.76	24	计算机、通信和其他电子设备制造业	6.82
3	黑色金属矿采选业	13.36	25	金属制品业	6.80
4	酒、饮料和精制茶制造业	10.83	26	其他制造业	6.78
5	有色金属矿采选业	10.56	27	电气机械和器材制造业	6.75
6	医药制造业	9.63	28	纺织服装、服饰业	6.74
7	非金属矿采选业	9.24	29	电力、热力生产和供应业	6.72
8	其他采矿业	8.87	30	废弃资源综合利用业	6.58
9	煤炭开采和洗选业	8.84	31	造纸和纸制品业	6.54
10	仪器仪表制造业	8.50	32	农副食品加工业	6.45
11	印刷和记录媒介复制业	8.32	33	纺织业	6.38
12	非金属矿物制品业	8.17	34	文教、工美、体育和娱乐用品制造业	6.36
13	食品制造业	7.97	35	有色金属冶炼和压延加工业	4.97
14	皮革、毛皮、羽毛及其制品和制鞋业	7.88	36	水的生产和供应业	4.85
15	燃气生产和供应业	7.82	37	金属制品、机械和设备修理业	4.77
16	专用设备制造业	7.79	38	黑色金属冶炼和压延加工业	4.38
17	木材加工和木、竹、藤、棕、草制品业	7.77	39	化学纤维制造业	4.04
18	家具制造业	7.54	40	石油加工、炼焦和核燃料加工业	2.92
19	通用设备制造业	7.37	41	玉米	-2.29
20	橡胶和塑料制品业	7.19	42	大豆	-3.61
21	开采辅助活动	7.10	43	稻谷	-4.10
22	交通运输设备制造业	6.83	44	小麦	-7.42

注：成本利润率为2012—2014年均值，按照自高到低排序。

资料来源：《中国统计年鉴》（历年）和《全国农产品成本收益资料汇编》（历年）。

表5-4 2000—2014年粮食生产与工业生产成本利润率
（基于市场工价）

年份	三种粮食平均	工业平均	最大值	最小值	行业数量	排序位次			
						稻谷	玉米	小麦	大豆
2000	-22.48	21.26	71.3	-30.88	39	37	38	39	36
2001	-10.45	5.79	62.74	-22.51	39	38	36	39	37
2002	-11.35	6.14	57.17	-24.65	39	38	37	39	2
2003	-1.27	7.03	65.79	-16.58	42	32	14	42	2
2004	23.70	7.17	81.33	-1.18	42	4	8	5	2
2005	5.01	5.57	88.49	-2.92	42	9	19	5	6
2006	7.96	5.85	84.22	-0.45	42	13	6	5	35
2007	8.75	6.48	65.41	-0.1	42	7	6	8	3
2008	0.66	6.86	58.29	-1.51	42	42	38	10	3
2009	-0.87	6.71	32.63	-1.34	42	40	38	42	39
2010	3.88	7.96	38	2.58	42	40	6	41	27
2011	0.04	7.96	43.61	-5.86	42	36	34	42	41
2012	-4.75	7.59	59.57	-13.23	44	43	42	44	33
2013	-8.98	6.83	51.9	-8.26	44	43	41	44	42
2014	-4.75	6.69	41.62	-11.97	44	43	42	41	44

注：排序位次是指四种粮食作物与工业各行业生产成本利润率按照自高到低的顺序进行排序，各部门所对应的位次。

资料来源：《中国统计年鉴》（历年）和《全国农产品成本收益资料汇编》（历年）。

　　从对家庭劳动投入的官方核算工价进行矫正后计算结果可以看到（见图5-3），粮食生产的成本利润率明显降低，只有在2004年高于工业生产的成本利润率，而且，2005—2014年粮食生产的成本利润率总体上呈现较为明显的波动下降趋势。将稻谷、玉米、小麦和大豆4种粮食作物与40个工业部门的成本利润率进行排序可以看到（见表5-3和表5-4），稻谷、玉米、小麦和大豆的成本利润率明显低于工业部门的成本利润率。其中，就2012—2014年的平均数值而言（见表 5 - 3），在 44 个部门的排序中，稻谷、玉米、小麦和大豆 4 种粮食作物分别位居第 41—44 最后四位。

此外，通过粮食生产和工业生产成本利润比较可以看到，工业生产成本利润率相对稳定，而粮食生产的成本利润率在年际间波动非常大，这也说明粮食生产的市场风险明显高于工业生产。

三 粮食生产和经济作物生产经济效益比较

在对粮食生产和工业生产的经济效益进行比较分析时，选用的指标主要包括成本利润率、单位面积净利润、单位面积净收入、单位面积现金收益和工日报酬。为了避免年际间的波动对比较结果的影响，我们采用 2012—2014 年三年的平均值进行比较分析。

从成本利润率角度进行比较分析。根据《全国农产品成本收益资料汇编》中公布的粮食生产和经济作物生产的成本利润率数据的对比分析（见表 5 - 5），以及利用雇工价格对家庭劳动投入价格进行矫正后计算得到的粮食生产和经济作物生产的成本利润数据的对比分析（见表 5 - 5），可以看到，稻谷、玉米、小麦和大豆 4 种粮食作物与其他 8 种经济作物的排序中，粮食作物的排序大致居中，苹果、柑、蔬菜、甜菜、花生生产的成本利润率明显高于粮食生产的成本利润率。

表 5 - 5   2012—2014 年粮食生产和经济作物生产经济效益比较 I

单位：%、万元/公顷

成本利润率 （官方工价）		成本利润率 （市场工价）		净利润 （官方工价）		净利润 （市场工价）	
橘	75.54	橘	61.02	苹果	5.38	苹果	4.72
苹果	71.76	苹果	57.96	蔬菜	3.54	蔬菜	2.98
柑	68.64	柑	48.21	柑	3.13	柑	2.49
蔬菜	57.56	蔬菜	44.38	橘	2.71	橘	2.40
甜菜	27.80	花生	17.74	甜菜	0.57	花生	0.33
花生	26.05	甜菜	8.88	花生	0.47	甜菜	0.21
稻谷	19.31	甘蔗	-1.47	稻谷	0.32	玉米	-0.04

续表

成本利润率 （官方工价）		成本利润率 （市场工价）		净利润 （官方工价）		净利润 （市场工价）	
玉米	12.25	玉米	-2.29	甘蔗	0.19	大豆	-0.04
大豆	7.92	大豆	-3.61	玉米	0.18	甘蔗	-0.05
甘蔗	6.26	稻谷	-4.10	大豆	0.07	稻谷	-0.09
小麦	3.42	烤烟	-5.32	小麦	0.05	小麦	-0.11
烤烟	0.69	小麦	-7.42	烤烟	0.02	烤烟	-0.29
桑蚕茧	-1.71	桑蚕茧	-12.83	桑蚕茧	-0.15	油菜籽	-0.38
晾晒烟	-6.68	晾晒烟	-22.60	油菜籽	-0.17	桑蚕茧	-0.90
棉花	-12.90	油菜籽	-26.08	晾晒烟	-0.36	棉花	-1.06
油菜籽	-13.77	棉花	-27.03	棉花	-0.44	晾晒烟	-1.40

注：各效益指标为2012—2014年均值，按照自高到低排序。

资料来源：《全国农产品成本收益资料汇编》（历年）。

从单位面积净利润的角度进行比较分析。根据《全国农产品成本收益资料汇编》中公布的粮食生产和经济作物生产单位面积净利润数据的对比分析（见表5-5），以及利用雇工价格对家庭劳动投入价格进行矫正后计算得到的粮食生产和经济作物生产的单位面积净利润数据的对比分析（见表5-5），可以看到，与成本利润率的比较结果相类似，稻谷、玉米、小麦和大豆4种粮食作物与其他8种经济作物的排序中，粮食作物的排序大致居中，苹果、蔬菜、柑、橘、甜菜、花生生产的单位面积净利润明显高于粮食生产的单位面积净利润。

从单位面积净收入角度进行比较分析。由于单位面积净收入的计算过程中，没有将家庭用工投入计入生产成本，所以不涉及家庭劳动用工价格的核算问题。根据《全国农产品成本收益资料汇编》中公布的粮食和经济作物生产的成本收益数据计算得到的单位面积净收入数据的对比分析（见表5-6）可以看到，稻谷、玉米、小麦和大豆4种粮食作物与其他8种经济作物的排序中，经济作物中除了油菜籽单位面积净收入偏低外，其他所有经济作物生产的单位面积净收入都高于粮食生产的单位面积净收入。

从单位面积现金收益的角度进行比较分析。由于单位面积现金收益计算过程中不涉及家庭用工的计算，所以也不涉及家庭劳动用工价格的核算问题。根据《全国农产品成本收益资料汇编》中公布的粮食和经济作物生产的现金收益数据的对比分析（见表5-6）可以看到，与单位面积净收入的比较结果相类似，稻谷、玉米、小麦和大豆4种粮食与其他8种经济作物的排序中，经济作物中除了油菜籽单位面积现金收益偏低外，其他所有经济作物生产的单位面积现金收益都高于粮食生产的单位面积现金收益。

从工日报酬角度进行比较分析。根据《全国农产品成本收益资料汇编》中公布的粮食和经济作物生产的成本收益数据计算得到的家庭劳动投入工日报酬数据的对比分析（见表5-6）可以看到，稻谷、玉米、小麦和大豆4种粮食与其他8种经济作物的排序中，粮食作物的排序大致居中，橘、柑、苹果、蔬菜、甜菜生产的工日报酬明显高于粮食生产的工日报酬。

表5-6　2012—2014年粮食生产和经济作物生产经济效益比较Ⅱ

单位：万元/公顷、元/工日

净收入		现金收益		工日报酬Ⅰ		工日报酬Ⅱ	
苹果	8.03	苹果	8.44	橘	245.14	橘	267.63
蔬菜	5.70	蔬菜	6.03	柑	204.80	柑	212.89
柑	4.71	柑	4.90	苹果	200.94	苹果	211.42
桑蚕茧	4.42	桑蚕茧	4.68	蔬菜	174.16	蔬菜	184.16
橘	3.72	橘	4.06	甜菜	131.36	甜菜	171.25
晾晒烟	2.90	晾晒烟	3.20	花生	100.21	大豆	143.76
烤烟	2.66	烤烟	3.01	稻谷	100.05	稻谷	123.42
花生	1.38	花生	1.68	玉米	84.76	花生	121.66
棉花	1.31	棉花	1.63	大豆	82.37	玉米	113.46

续表

净收入		现金收益		工日报酬Ⅰ		工日报酬Ⅱ	
甜菜	1.15	甜菜	1.50	甘蔗	78.39	小麦	102.18
甘蔗	1.07	甘蔗	1.37	小麦	72.83	甘蔗	101.00
稻谷	0.95	稻谷	1.17	烤烟	66.38	烤烟	75.27
玉米	0.80	玉米	1.07	桑蚕茧	63.85	桑蚕茧	67.52
油菜籽	0.58	小麦	0.75	晾晒烟	58.67	晾晒烟	64.68
小麦	0.53	油菜籽	0.72	油菜籽	50.94	油菜籽	62.92
大豆	0.34	大豆	0.59	棉花	48.45	棉花	48.45

注：各效益指标为2012—2014年均值，按照自高到低排序。其中，工日报酬Ⅰ是指劳均净收入，即净收入与家庭用工工日之比；工日报酬Ⅱ是指劳均现金收益，即现金收益与家庭用工工日之比。

资料来源：《全国农产品成本收益资料汇编》（历年）。

四 粮食生产和畜禽养殖经济效益比较

在对粮食生产和畜禽养殖的经济效益进行比较分析时，选用的指标主要包括成本利润率和工日报酬。

从成本利润率的角度进行比较分析。根据《全国农产品成本收益资料汇编》中公布的粮食生产和畜禽养殖的成本利润率数据的对比分析（见表5-7）可以看到，相对于畜禽养殖而言，粮食生产没有明显地表现出经济效益上的弱势。但是，当利用雇工价格对家庭劳动投入价格进行矫正后计算得到的粮食生产和畜禽养殖的成本利润率数据进行对比分析时（见表5-7），粮食生产比较效益低下的状况凸显出来，稻谷、玉米、小麦和大豆4种粮食与其他6种畜禽的排序中，畜禽中除了生猪成本利润率偏低外，其他所有畜禽品种的成本利润率都高于粮食生产的成本利润率。

从工日报酬角度进行比较分析。根据《全国农产品成本收益资料汇编》中公布的粮食生产和畜禽养殖的成本收益数据计算得到的家庭劳动投入工日报酬数据的对比分析可以看到，稻谷、玉米、小麦和大豆4种粮食与其他6种畜禽的排序中，畜禽中除了生猪、肉羊养殖的工日报酬偏低外，其他畜禽品种的工日报酬都高于粮食生产的工日报酬。

表5-7　　　　　　粮食生产和畜禽养殖效益比较　　单位:%、元/工日

成本利润率 （官方工价）		成本利润率 （市场工价）		工日报酬Ⅰ		工日报酬Ⅱ	
奶牛	32.14	奶牛	28.02	肉牛	273.91	肉牛	273.91
肉牛	30.25	肉牛	25.67	奶牛	254.06	奶牛	254.06
稻谷	19.31	蛋鸡	3.48	蛋鸡	131.36	大豆	143.76
肉羊	13.10	肉鸡	2.69	肉鸡	108.40	蛋鸡	131.36
玉米	12.25	肉羊	0.68	稻谷	100.05	稻谷	123.42
大豆	7.92	玉米	-2.29	肉羊	91.28	玉米	113.46
肉鸡	4.57	大豆	-3.61	玉米	84.76	肉鸡	108.40
蛋鸡	4.51	生猪	-3.65	大豆	82.37	小麦	102.18
小麦	3.42	稻谷	-4.10	小麦	72.83	肉羊	91.28
生猪	-1.51	小麦	-7.42	生猪	59.55	生猪	59.55

　　注：各效益指标为2012—2014年均值，按照自高到低排序。其中，工日报酬Ⅰ是指劳均净收入，即净收入与家庭用工工日之比；工日报酬Ⅱ是指劳均现金收益，即现金收益与家庭用工工日之比。

　　资料来源：《全国农产品成本收益资料汇编》（历年）。

五　粮食生产经济效益和务工收入比较

（一）粮食生产的工日报酬与农业雇工工价比较分析

　　根据《全国农产品成本收益资料汇编》中粮食生产收益的相关数据计算得到种粮农民的工日报酬，并与粮食生产雇工工价进行比较分析（见表5-8和表5-9），可以看到，以两种口径衡量的工日报酬在2000—2010年基本呈现出相同的特征，其中，2000—2003年种粮农民工日报酬总体上明显低于雇工工价，2004—2010年种粮农民工日报酬总体上高于雇工工价；2011—2014年，虽然在工日报酬Ⅰ（劳均净收入）的衡量口径下，种粮农民工日报酬高于雇工工价，但是在工日报酬Ⅱ（劳均现金收益）的衡量口径下，种粮农民工日报酬呈现出总体上明显低于雇工工价的特征。

第五章　我国粮食生产比较效益分析

表5-8　　　　2000—2014年粮农工日报酬Ⅰ与雇工工价差距　　　单位:%

年份	三种粮食	稻谷	玉米	小麦	大豆
2000	-47.98	-32.95	-46.25	-77.26	-17.34
2001	-23.03	-19.20	-5.43	-56.54	-17.34
2002	-25.66	-19.42	-5.24	-61.16	47.36
2003	-3.92	4.99	11.77	-41.12	82.16
2004	52.12	63.95	36.15	74.01	84.14
2005	9.85	15.65	10.79	44.65	27.34
2006	16.41	11.84	27.51	37.08	8.29
2007	18.16	28.49	40.16	30.98	78.67
2008	0.28	-4.33	7.79	22.36	65.26
2009	-2.99	-1.07	5.89	-4.55	6.82
2010	7.32	9.63	24.44	10.87	16.83
2011	-0.91	9.55	10.09	-14.46	-2.57
2012	-10.73	-1.19	2.75	-31.00	16.69
2013	-19.76	-16.87	-10.93	-21.55	-16.27
2014	-10.95	-10.03	-8.75	-3.06	-35.12

注:种粮农民工日报酬与雇工工价差距=种粮农民工日报酬/雇工工价-1。由于此处是种粮农民工日报酬与务工工日报酬进行比较,工日报酬Ⅰ在计算中还考虑了生产现金投入的机会成本,因此,此处粮食生产的工日报酬Ⅰ是净收入减去生产投资的机会成本之后的金额与家庭用工工日之比。借鉴李首涵、何秀荣和杨树果(2015)的方法,以年收益率5%的理财收益计算现金机会成本;同时,考虑粮食生产现金投入一般在半年内可以收回,最终采用半年理财收益率2.5%计算现金机会成本。

资料来源:《全国农产品成本收益资料汇编》(历年)。

表5-9　　　　2000—2014年粮农工日报酬Ⅱ与雇工工价差距　　　单位:%

年份	三种粮食	稻谷	玉米	小麦	大豆
2000	-42.64	-24.90	-34.88	-116.63	11.79
2001	-7.01	-6.94	10.83	-55.69	11.79
2002	-16.87	-12.54	6.75	-88.34	39.37
2003	7.70	9.58	24.64	-39.72	48.73
2004	42.78	45.25	39.26	49.86	56.89

年份	三种粮食	稻谷	玉米	小麦	大豆
2005	25.16	25.55	28.83	44.88	44.20
2006	29.06	24.12	36.75	40.52	36.99
2007	30.91	22.39	42.69	39.80	57.11
2008	21.03	14.49	28.47	36.27	55.55
2009	19.92	18.05	27.88	21.96	40.45
2010	26.91	24.98	36.85	34.71	42.37
2011	19.97	23.68	28.69	14.43	35.08
2012	12.92	16.56	24.52	-0.86	44.06
2013	6.61	4.32	17.00	11.61	32.88
2014	15.00	10.35	20.76	24.62	26.17

注：种粮农民工日报酬与雇工工价差距 = 种粮农民工日报酬/雇工工价 - 1。由于此处是种粮农民工日报酬与务工工日报酬进行比较，工日报酬Ⅱ在计算中还考虑了生产现金投入的机会成本，因此，此处粮食生产的工日报酬Ⅰ是现金收益减去生产投资的机会成本之后的金额与家庭用工工日之比。借鉴李首涵、何秀荣和杨树果（2015）的方法，以年收益率5%的理财收益计算现金机会成本；同时，考虑粮食生产现金投入一般在半年内可以收回，最终采用半年理财收益率2.5%计算现金机会成本。

资料来源：《全国农产品成本收益资料汇编》（历年）。

（二）粮食生产的工日报酬与外出务工工资比较分析

根据2000—2014年历年全国农民工月工资计算得到农民工的日均工资金额，并与种粮农民的工日报酬进行对比分析。由于把种粮农民作为外出务工者来考察时，种粮农民就不应该承担生产投资，因此，在对种粮农民工日报酬与外出务工工资的比较分析时，还需要考虑种粮农民粮食生产现金投入的机会成本。粮食生产的工日报酬应该是净收入减去生产投资的机会成本之后的金额与家庭劳动投入工日之比。本书借鉴李首涵、何秀荣和杨树果（2015）的方法，以年收益率5%的理财收益计算现金机会成本；同时，考虑粮食生产现金投入一般在半年内可以收回，最终采用半年理财收益率2.5%计算现金机会成本。可以看到，以两种口径衡量的工日报酬

（见表5－10和表5－11）都显示出，种粮农民工日报酬总体上明显低于外出务工的日工资水平。

表5－10　2000—2014年粮农工日报酬I与外出务工工资差距　　单位：%

年份	三种粮食	稻谷	玉米	小麦	大豆
2000	－58.67	－40.75	－61.18	－82.42	－39.95
2001	－46.66	－35.34	－40.26	－71.72	－45.88
2002	－52.82	－42.68	－45.62	－75.95	－11.84
2003	－50.83	－39.67	－47.22	－71.23	－12.49
2004	－8.39	5.44	－25.56	－7.18	6.84
2005	－35.01	－24.16	－41.48	－42.37	－26.67
2006	－23.60	－18.91	－26.28	－27.08	－30.62
2007	－19.22	－1.08	－15.97	－27.82	13.09
2008	－23.67	－19.55	－30.59	－20.65	14.09
2009	－19.13	－12.08	－24.34	－22.02	－17.41
2010	－15.24	－4.35	－15.60	－29.01	2.61
2011	－16.39	－1.52	－16.84	－34.94	－12.54
2012	－20.61	－5.96	－18.18	－43.15	－3.23
2013	－32.98	－23.02	－32.94	－45.80	－33.22
2014	－26.47	－17.34	－33.04	－29.56	－51.35

注：由于此处是种粮农民工日报酬与务工日报酬进行比较，工日报酬I在计算中还考虑了生产现金投入的机会成本，因此，此处粮食生产的工日报酬I是净收入减去生产投资的机会成本之后的金额与家庭用工工日之比。

资料来源：《全国农产品成本收益资料汇编》（历年）、《全国农民工监测调查报告》（历年）和卢峰（2012）。

表5－11　2000—2014年粮农工日报酬II与外出务工工资差距　　单位：%

年份	三种粮食	稻谷	玉米	小麦	大豆
2000	－44.30	－29.25	－46.45	－64.30	－17.64
2001	－35.24	－25.17	－29.16	－58.19	－25.78

年份	三种粮食	稻谷	玉米	小麦	大豆
2002	-45.70	-36.80	-38.47	-67.12	-1.32
2003	-44.55	-36.45	-37.34	-65.03	-6.31
2004	5.25	17.48	-9.98	6.38	34.60
2005	-20.94	-11.92	-25.78	-27.72	3.21
2006	-7.49	-4.45	-8.58	-10.56	1.67
2007	-1.04	-0.80	4.60	-8.45	47.58
2008	-3.62	-1.66	-9.98	1.76	55.32
2009	4.10	8.45	-0.93	4.68	29.84
2010	8.05	16.29	7.40	-1.92	52.41
2011	5.42	17.80	5.94	-11.11	38.26
2012	2.12	14.05	5.50	-18.31	48.24
2013	-10.56	-3.23	-9.29	-21.84	18.83
2014	-2.86	2.47	-7.39	-3.60	1.57

注：种粮农民工日报酬与雇工工价差距 = 种粮农民工日报酬/雇工工价 - 1。由于此处是种粮农民工日报酬与务工工日报酬进行比较，工日报酬Ⅱ在计算中还考虑了生产现金投入的机会成本，因此，此处粮食生产的工日报酬Ⅰ是现金收益减去生产投资的机会成本之后的金额与家庭用工工日之比。

资料来源：《全国农产品成本收益资料汇编》（历年）、《全国农民工监测调查报告》（历年）和卢峰（2012）。

还需要特别指出的是，一年中，农民工获得上述日工资收入的天数要远远高于种粮农民获得上述工日报酬的天数。一年中，农民工获得日工资收入的天数有250天左右，但是，一公顷稻谷、玉米、小麦和大豆的劳动投入分别为94.80个、94.50个、73.65个和40.80个工日（见表5-12），我国农民人均耕地面积不足0.10公顷，户均耕地规模小，种粮农民能够获得上述工日报酬的天数极为有限，直接导致种粮农民粮食生产绝对收入水平低。此外，粮食生产中，种粮农民不可能像外出务工每天八小时满负荷工作，只能根据粮食生产需要连续或者间断投入劳动时间，这也导致种粮农民非自愿失业的状况较为突出。由于种粮农民处于非充分就业状态，种粮农民自身劳动的收益不能充分兑现（唐茂华和黄少安，2011）。

表5－12　　2012—2014年粮食生产和经济作物生产劳动投入

单位：工日/公顷

项目	家庭用工投入	雇工投入	劳动总投入
三种粮食平均	87.60	4.80	92.40
稻谷	94.80	7.80	102.60
玉米	94.50	4.80	99.30
小麦	73.65	1.65	75.30
大豆	40.80	3.15	43.95
花生	138.00	2.40	140.40
油菜籽	113.85	1.65	115.50
棉花	265.65	24.90	290.40
甘蔗	134.70	92.10	226.80
甜菜	88.05	23.55	111.60
烤烟	400.80	60.60	461.40
晾晒烟	493.95	25.05	519.00
桑蚕茧	693.00	15.30	708.30
柑	242.55	70.95	313.50
橘	153.90	100.80	254.70
苹果	399.45	192.30	591.75
蔬菜	327.90	125.70	453.60

注：各指标为2012—2014年均值。

资料来源：《全国农产品成本收益资料汇编》（历年）。

六　粮食补贴对粮食生产经济效益的影响

由于《全国农产品成本收益资料汇编》中仅有关于2003—2008年粮食补贴情况的统计数据，2009年以后再没有对粮食补贴情况进行报告，因此，在宏观数据的考证分析这一部分中，仅对2003—2008年粮食补贴对粮食生产经济效益的影响进行分析；在后面基于微观数据的考证分析部分，将利用微观调研数据对此做相应的补充分析。从表5-13可以看到，由于2003年仅是粮食直接补贴政策的试点年份，因此，从全国平均水平看，这一年单位面积粮食补贴的金额非常少。2004年以后，随着粮食直接补贴政策的正式实施，以及粮食补贴范围的不断扩大和补贴力度的逐步加强，单位面积所获得的粮食补贴金额逐渐增加，这也在很大程度上提升了粮食收益水平。2004年，每公顷粮食补贴金额增长到124.95元，相当于当年增加粮食生产净利润6.80%，增加种粮农民工日报酬2.58%；2008年，每公顷粮食补贴金额增长到737.85元，相当于当年增加粮食生产净利润25.57%，增加粮农工日报酬14.43%。

表5-13　　　　　　粮食补贴对粮食生产经济效益的影响

年份	每公顷补贴金额（元）	增加净利润（%）	增加工日报酬（%）
2003	10.95	0.37	0.38
2004	124.95	6.80	2.58
2005	147.60	6.35	3.79
2006	248.70	8.95	5.68
2007	373.95	13.38	7.61
2008	737.85	25.57	14.43

资料来源：《全国农产品成本收益资料汇编》（历年）。

第三节　基于微观数据的考证分析

前面基于宏观数据的考证分析已经较为清晰地呈现出粮食生产相对于工业生产、经济作物生产、畜禽养殖，以及务工收入的比较效益状况；这里通过农户微观数据的补充分析，除了可以进一步观察比较粮食生产与经济作物生产、畜禽养殖之间经济效益的差异，还可以观察粮食生产经济效益的稳定性状况，农户粮食生产的绝对收入（收入规模）状况，以及当前粮食补贴对农民种粮收入的影响。

一　粮食和经济作物生产经济效益比较

根据山东、河南、吉林、黑龙江四个省 1423 个农户 2012 年家庭经营状况调查数据计算得到的粮食生产和经济作物生产的单位面积现金收益，如表 5 - 14 所示。从表中可以看到，稻谷、玉米、小麦和大豆 4 种粮食作物的单位面积现金收益水平明显低于油料作物和蔬菜。而且还可以看到，种植业生产的经济效益极其不稳定，种植业生产的市场风险非常大。在稻谷生产的 222 个调研样本中，每公顷现金收益水平的最高值能够达到 20050.01 元，而最低值为 - 3827.78元；在玉米生产的 1046 个调研样本中，每公顷现金收益水平的最高值能够达到 23794.13 元，而最低值为 - 2350.00 元；在小麦生产的 539 个调研样本中，每公顷现金收益水平的最高值能够达到 17610.00 元，而最低值为 - 10477.50 元；在大豆生产的 204 个调研样本中，每公顷现金收益水平的最高值能够达到 12000.00 元，而最低值为 - 3000.00 元。

表 5 - 14　　　　　粮食生产和经济作物生产的现金收益　　　单位：元/公顷

项目	样本均值	最小值	最大值	样本量
稻谷	13467.77	- 3827.78	20050.01	222
玉米	9084.19	- 2350.00	23794.13	1046
小麦	8081.85	- 10477.50	17610.00	539
大豆	5827.64	- 3000.00	12000.00	204
油料	14926.23	- 200.00	20625.00	114
蔬菜	37560.26	- 10950.00	147928.86	241

资料来源：根据农户微观调研数据计算。

从现金成本收益率比较看（见表 5 - 15），稻谷、玉米、小麦和大豆 4 种粮食作物的现金成本收益率水平同样明显低于油料作物和蔬菜，相同作物品种生产的农户之间的现金成本收益率的差异也非常明显。在稻谷生产的 222 个调研样本中，现金成本收益率水平的最高值能够达到 329.08%，而最低值为 -62.38%；在玉米生产的 1046 个调研样本中，现金成本收益率水平最高值能够达到 347.37%，而最低值为 -87.32%；在小麦生产的 539 个调研样本中，现金成本收益率水平最高值能够达到 300.00%，而最低值为 -47.54%；在大豆生产的 204 个调研样本中，现金成本收益率水平的最高值能够达到 254.23%，而最低值为 -77.17%。

表 5 - 15　　　　粮食生产和经济作物生产的现金成本收益率　　　　单位:%

项目	样本均值	最小值	最大值	样本量
稻谷	141.65	-62.38	329.08	222
玉米	170.55	-87.32	347.37	1046
小麦	134.48	-47.54	300.00	539
大豆	123.35	-77.17	254.23	204
油料	230.35	-9.64	354.55	115
蔬菜	248.51	-51.22	496.06	241

资料来源：根据农户微观调研数据计算。

二　粮食生产和畜禽养殖经济效益比较

在 1423 个农户微观调查数据样本中，从事畜禽养殖的农户共计 375 户，其中，生猪养殖 87 户，肉牛养殖 56 户，肉羊养殖 57 户，肉鸡养殖 64 户，蛋鸡养殖 66 户，奶牛养殖 45 户。虽然，通过粮食生产和畜禽养殖的现金成本收益率的比较分析看到（见表 5 - 16），在稻谷、玉米、小麦和大豆 4 种粮食作物中稻谷和玉米的现金成本收益率高于畜禽养殖，畜禽养殖的现金成本利润率与小麦相当，仅大豆的现金成本利润率稍稍低于畜禽养殖；然而，从农户粮食种植和畜禽养殖的绝对收入（收入规模）来看（见表 5 - 17），农户畜禽养殖户均现金收益水平明显高于粮食生产。这也更加体现出由于家庭土地经营规模偏小导致粮农在收入规模上具有明显弱势。根据表 5 - 18 中 1160 户种粮农户的粮食播种面积的统计数据可以看到，种粮农户户均播种面积仅为 0.81 公顷。

表 5 - 16　　　　粮食生产和畜禽养殖的现金成本收益率　　　单位:%

项目	样本均值	最小值	最大值	样本量
稻谷	141.65	-62.38	329.08	222
玉米	170.55	-87.32	347.37	1046
小麦	134.48	-47.54	300.00	539
大豆	123.35	-77.17	254.23	204
畜禽	134.88	-9.09	923.63	328

资料来源:根据农户微观调研数据计算。

表 5 - 17　　　　户均粮食生产和畜禽养殖的现金收益　　　单位:元

项目	样本均值	最小值	最大值	样本量
粮食	6592.56	-17887.50	97408.50	1160
畜禽	8268.97	-9540.00	608000.00	375

资料来源:根据农户微观调研数据计算。

表 5 - 18　　　　　　　户均粮食播种面积　　　　　　单位:公顷

项目	样本量	样本均值	最小值	最大值
户均粮食播种面积	1160	0.81	0.00	8.17

注:样本不包括不种植粮食作物的农户;表中显示为 0.00 的样本,实为粮食播种面积不到 0.01 公顷。

资料来源:根据农户微观调研数据计算。

三　粮食补贴对粮食生产经济效益的影响

基于前面宏观数据分析可以看到,2003—2008 年,随着粮食补贴力度的逐步增加,单位播种面积所获得的粮食补贴的金额逐渐增加,在很大程度上提升了粮食收益水平。到 2008 年,平均每公顷播种面积的粮食补贴金额增长到 737.85 元。根据本书对微观农户层面 2012 年粮食生产补贴的调查数据,1160 户种粮农户平均每公顷播种面积的粮食补贴金额达到 960.28 元,可见,粮食补贴力度仍在逐步增加。2012 年,1160 户种粮农户户均得到的粮食补贴为 777.33 元,相当于增加农户粮食生产现金收益 11.79%。

第四节 关于粮食生产比较效益
分析的结论性评述

基于宏观数据和微观数据的考证分析，得到以下结论：

一是与工业生产相比较。按照官方农产品成本收益的核算方法，我国粮食生产的成本利润率确实非常高。但是，这只是由于官方农产品成本收益核算在关于劳动投入的折价问题上，存在压低家庭劳动投入工价，导致粮食生产成本表现出严重虚高现象。当以农业雇工价格对家庭劳动投入工价进行重新核算后发现，粮食生产成本利润率极低，甚至为负值。

二是与经济作物生产的经济效益相比较。从成本利润率、单位面积净利润、单位面积净收入、单位面积现金收益和工日报酬等相关指标综合看，粮食生产的经济效益明显低于蔬菜和水果。

三是与畜禽养殖的经济效益相比较。总体来讲，无论是从成本利润率、工日报酬，还是从家庭收入规模的角度来衡量，从事畜禽养殖的农户获得的经济效益明显高于从事粮食生产的农户。

四是与务工收入比较。一方面由于种粮农民工日报酬本身低于雇工工价和外出务工收入，另一方面由于种粮农民只能根据粮食生产的需要连续或者间断投入劳动时间，导致种粮农民非自愿失业的状况较为突出，再者由于家庭土地经营规模偏小导致种粮农民在收入规模上具有明显弱势，因此，农户种粮效益总体明显低于务工收入。

五是2004年以来，随着粮食直接补贴政策的正式实施，以及粮食补贴范围的不断扩大和补贴力度的逐步加强，单位面积获得的粮食补贴金额逐渐增加，在很大程度上提升了粮食收益水平。

第五章附表：

附表 5 - 1　　2000—2014 年粮食生产和经济作物生产成本利润率（基于官方工价）

年份	三种粮食	稻谷	玉米	小麦	大豆	花生	油菜籽	棉花	甘蔗	甜菜	烤烟	晾晒烟	桑蚕茧	柑	橘	苹果	蔬菜
2000	9.80	19.39	11.03	-3.96	36.51	30.85	-10.97	41.77	17.60	33.95	14.40	38.85	50.03	49.24	28.60	33.99	—
2001	20.71	27.03	31.81	1.07	36.51	21.55	-9.11	17.31	22.44	33.68	18.59	15.61	48.08	55.74	31.70	47.09	—
2002	14.27	20.38	25.91	-4.55	65.55	51.84	-9.88	45.57	-0.21	29.80	30.54	44.99	9.42	75.63	55.52	65.73	—
2003	25.47	35.02	35.04	4.02	84.37	55.76	15.46	84.64	6.88	27.11	26.14	57.45	27.31	80.00	85.17	73.77	—
2004	49.69	62.71	35.94	47.65	50.21	70.89	29.34	30.02	11.01	46.36	17.48	27.65	44.11	44.55	86.06	70.34	—
2005	28.84	39.06	24.36	20.37	30.12	48.67	-0.18	41.86	47.52	61.24	11.03	15.78	52.89	175.71	114.22	119.49	—
2006	34.83	39.05	35.16	29.08	25.36	74.00	0.89	38.57	42.74	34.47	4.56	46.65	86.09	75.40	81.67	101.87	—
2007	38.49	53.88	44.66	28.57	60.05	107.19	53.59	40.18	34.30	39.55	2.51	16.29	27.09	51.20	107.27	102.01	—
2008	33.14	35.43	30.42	33.00	51.28	37.87	78.37	-1.55	17.62	49.15	18.55	10.47	8.13	29.10	12.56	86.18	—
2009	32.04	36.77	31.82	26.54	28.43	80.59	9.74	27.27	29.84	32.95	14.00	23.57	23.31	55.41	74.83	83.54	—
2010	33.77	40.41	37.89	21.36	35.98	63.11	1.71	74.33	56.86	41.08	0.63	3.73	44.56	75.20	109.06	130.71	—
2011	31.70	41.39	34.43	16.56	24.95	75.40	3.62	12.84	43.07	53.77	2.38	6.39	31.28	75.97	76.88	110.85	51.11
2012	17.98	27.08	21.39	2.56	22.25	58.00	-11.11	1.30	20.51	37.95	7.26	2.75	8.87	42.84	70.93	84.86	61.44
2013	7.11	13.45	7.66	-1.40	5.38	9.46	-11.64	-9.87	5.36	25.24	-1.08	-7.64	-0.09	58.60	81.43	66.33	59.89
2014	11.68	17.41	7.69	9.10	-3.86	10.70	-18.55	-30.13	-7.09	20.20	-4.12	-15.16	-13.90	104.47	74.26	64.09	51.33

注：2010 年以前《全国农产品成本收益资料汇编》只公布了大中城市蔬菜数据，缺乏对全国蔬菜成本收益的统计数据，为了确保统计口径的一致性，本表只报告了 2011—2014 年全国蔬菜种植成本收益的相关数据。

资料来源：《全国农产品成本收益资料汇编》（历年）。

附表 5-2　2000—2014 年粮食生产和经济作物生产成本利润率（基于市场工价）

年份	三种粮食	稻谷	玉米	小麦	大豆	花生	油菜籽	棉花	甘蔗	甜菜	烤烟	晾晒烟	桑蚕茧	柑	橘	苹果	蔬菜
2000	-22.48	-17.09	-22.17	-30.88	-7.48	-0.31	-44.52	-5.66	-6.50	-5.54	-17.83	-4.93	6.64	41.29	-26.15	4.36	—
2001	-10.45	-9.58	-2.16	-22.51	-7.48	-9.38	-41.03	-20.22	-2.92	-1.42	-12.94	-20.43	1.85	21.12	10.88	9.98	—
2002	-11.35	-9.31	-1.85	-24.65	22.76	21.83	-34.99	7.13	-18.02	-7.33	1.59	0.79	-22.62	34.86	34.86	17.37	—
2003	-1.27	3.16	6.22	-16.58	39.72	22.84	-15.67	38.52	-15.54	-11.02	-1.43	8.37	-4.25	34.41	52.82	28.02	—
2004	23.70	30.24	16.35	29.59	30.53	51.31	9.84	-8.60	0.19	23.07	0.29	2.25	28.57	28.99	62.09	53.68	—
2005	5.01	8.04	5.40	15.53	10.86	27.40	-18.91	0.30	33.07	32.35	-8.08	-18.03	32.78	135.45	90.99	123.19	—
2006	7.96	6.19	12.89	14.30	3.82	41.03	-16.73	1.65	22.00	12.54	-14.21	20.20	36.31	34.19	63.40	76.66	—
2007	8.75	14.27	18.57	12.05	32.17	60.95	19.69	0.94	13.83	18.50	-21.24	-11.47	-7.89	23.81	64.32	79.58	—
2008	0.66	-1.51	4.02	9.36	24.38	8.64	20.90	-27.20	0.23	25.85	-13.28	-24.04	-20.80	7.02	-8.65	48.22	—
2009	-0.87	0.01	3.24	-1.34	3.14	42.32	-24.19	-5.02	12.77	9.75	-13.58	-13.78	-11.74	39.95	47.95	54.15	—
2010	3.88	5.07	11.97	4.68	7.13	37.60	-22.39	25.52	36.84	18.02	-19.89	-23.99	12.34	44.97	77.17	100.85	—
2011	0.04	5.19	5.47	-5.86	-0.52	43.21	-17.41	-19.03	26.15	20.21	-16.49	-24.04	6.42	43.52	66.92	79.11	26.04
2012	-4.75	-0.08	1.81	-13.23	6.60	49.93	-24.56	-14.33	9.45	17.44	-4.02	-17.44	-7.08	19.60	54.94	67.94	49.50
2013	-8.98	-7.79	-4.90	-8.26	-5.46	3.86	-22.06	-25.92	-2.02	6.80	-4.98	-18.64	-9.17	41.09	63.44	54.88	45.58
2014	-4.75	-4.44	-3.78	-0.77	-11.97	-0.57	-31.64	-40.86	-11.85	2.42	-6.97	-31.73	-22.25	83.94	64.66	51.05	38.06

注：2010 年以前《全国农产品成本收益资料汇编》只公布了大中城市蔬菜成本收益数据，缺乏对全国蔬菜成本收益的统计口径的一致性，为了确保统计口径的一致性，本表只报告了 2011—2014 年全国蔬菜种植成本收益的相关数值。

资料来源：《全国农产品成本收益资料汇编》（历年）。

附表5-3　2000—2014年粮食生产和经济作物生产净利润（基于官方工价）　　　　　单位：万元/公顷

年份	三种粮食	稻谷	玉米	小麦	大豆	花生	油菜籽	棉花	甘蔗	甜菜	烤烟	晾晒烟	桑蚕茧	柑	橘	苹果	蔬菜
2000	-0.01	0.06	-0.01	-0.08	0.06	0.12	-0.11	0.31	0.11	0.13	0.11	0.42	0.72	0.87	0.37	0.48	—
2001	0.06	0.11	0.10	-0.04	0.06	0.07	-0.08	0.08	0.17	0.13	0.16	0.12	0.77	1.12	0.54	0.62	—
2002	0.04	0.09	0.09	-0.06	0.16	0.25	-0.06	0.38	-0.10	0.11	0.34	0.46	0.10	2.32	1.15	0.72	—
2003	0.10	0.18	0.14	-0.01	0.24	0.28	0.04	0.76	0.01	0.11	0.29	0.64	0.37	3.04	1.74	1.03	—
2004	0.29	0.43	0.20	0.25	0.19	0.48	0.13	0.33	0.13	0.30	0.28	0.43	0.85	1.53	1.83	1.41	—
2005	0.18	0.29	0.14	0.12	0.12	0.35	0.00	0.50	0.59	0.35	0.21	0.25	1.09	3.51	2.58	2.30	—
2006	0.23	0.30	0.22	0.18	0.10	0.56	0.00	0.50	0.60	0.31	0.09	0.66	1.96	1.78	2.65	2.46	—
2007	0.28	0.45	0.30	0.19	0.26	0.93	0.27	0.58	0.54	0.38	0.05	0.30	0.63	1.83	2.71	3.66	—
2008	0.28	0.35	0.24	0.25	0.27	0.38	0.46	-0.03	0.29	0.54	0.48	0.23	0.21	0.95	0.31	2.92	—
2009	0.29	0.38	0.26	0.23	0.16	0.82	0.06	0.46	0.52	0.37	0.40	0.58	0.63	1.67	1.76	4.41	—
2010	0.34	0.46	0.36	0.20	0.23	0.75	0.01	1.48	1.18	0.54	0.02	0.09	1.49	2.38	3.15	7.55	—
2011	0.38	0.56	0.39	0.18	0.18	1.08	0.03	0.30	1.05	0.86	0.09	0.18	1.31	3.09	2.57	6.92	3.16
2012	0.25	0.43	0.30	0.03	0.19	1.01	-0.12	0.04	0.61	0.72	0.34	0.13	0.48	1.82	1.98	6.04	3.64
2013	0.11	0.23	0.12	-0.02	0.05	0.19	-0.15	-0.32	0.18	0.53	-0.06	-0.39	-0.01	2.60	2.99	4.87	3.75
2014	0.19	0.31	0.12	0.13	-0.04	0.22	-0.24	-1.03	-0.23	0.46	-0.22	-0.82	-0.92	4.96	3.16	5.22	3.23

注：2010年以前《全国农产品成本收益资料汇编》只公布了大中城市蔬菜成本收益数据，缺乏对全国蔬菜成本收益的统计数据，为了确保统计口径的一致性，本表只报告了2011—2014年全国蔬菜种植成本收益的相关数值。

资料来源：《全国农产品成本收益资料汇编》（历年）。

附表 5-4　2000—2014 年粮食生产和经济作物生产净利润（基于市场工价）　　单位：万元/公顷

年份	三种粮食	稻谷	玉米	小麦	大豆	花生	油菜籽	棉花	甘蔗	甜菜	烤烟	晾晒烟	桑蚕茧	柑	橘	苹果	蔬菜
2000	-0.15	-0.14	-0.14	-0.19	-0.03	0.00	-0.27	-0.08	-0.10	-0.05	-0.28	-0.09	0.15	0.84	-0.66	0.09	—
2001	-0.07	-0.08	-0.01	-0.13	-0.03	-0.07	-0.24	-0.26	-0.04	-0.01	-0.21	-0.33	0.05	0.58	0.25	0.19	—
2002	-0.07	-0.07	-0.01	-0.14	0.09	0.14	-0.18	0.09	-0.26	-0.06	0.03	0.01	-0.56	1.46	0.88	0.29	—
2003	-0.01	0.02	0.04	-0.09	0.16	0.16	-0.08	0.48	-0.21	-0.10	-0.02	0.14	-0.09	1.86	1.34	0.55	—
2004	0.17	0.26	0.11	0.18	0.13	0.39	0.05	-0.14	0.00	0.18	0.01	0.04	0.62	1.11	1.51	1.20	—
2005	0.04	0.08	0.04	0.09	0.05	0.23	-0.10	0.01	0.45	0.23	-0.18	-0.41	0.78	3.17	2.30	2.33	—
2006	0.07	0.06	0.10	0.10	0.02	0.38	-0.09	0.03	0.36	0.13	-0.34	0.35	1.13	1.06	2.29	2.11	—
2007	0.08	0.16	0.15	0.09	0.17	0.68	0.13	0.02	0.26	0.21	-0.60	-0.28	-0.25	1.04	2.05	3.22	—
2008	0.01	-0.02	0.04	0.09	0.15	0.11	0.18	-0.60	0.00	0.34	-0.47	-0.76	-0.72	0.28	-0.27	2.05	—
2009	-0.01	0.00	0.03	-0.01	0.02	0.55	-0.23	-0.11	0.26	0.13	-0.52	-0.48	-0.44	1.34	1.33	3.41	—
2010	0.05	0.08	0.14	0.05	0.06	0.53	-0.22	0.70	0.88	0.28	-0.79	-0.83	0.53	1.72	2.63	6.69	—
2011	0.00	0.09	0.08	-0.08	0.00	0.76	-0.19	-0.63	0.72	0.42	-0.76	-0.95	0.33	2.17	2.37	5.81	1.93
2012	-0.08	0.00	0.03	-0.19	0.07	0.92	-0.32	-0.49	0.31	0.39	-0.21	-0.99	-0.45	1.00	1.69	5.32	3.17
2013	-0.16	-0.17	-0.08	-0.12	-0.06	0.08	-0.32	-1.03	-0.07	0.17	-0.27	-1.09	-0.63	2.05	2.59	4.33	3.13
2014	-0.09	-0.10	-0.07	-0.01	-0.13	-0.01	-0.49	-1.65	-0.40	0.06	-0.38	-2.13	-1.63	4.43	2.91	4.52	2.62

注：2010 年以前《全国农产品成本收益资料汇编》只公布了大中城市蔬菜成本收益数据，缺乏对全国蔬菜成本收益的统计数据，为了确保统计口径的一致性，本表只报告了 2011—2014 年全国蔬菜种植成本收益的相关数值。

资料来源：《全国农产品成本收益资料汇编》（历年）。

附表 5－5　　2000—2014 年粮食生产和经济作物生产现金收益

单位：万元/公顷

年份	三种粮食	稻谷	玉米	小麦	大豆	花生	油菜籽	棉花	甘蔗	甜菜	烤烟	晾晒烟	桑蚕茧	柑	橘	苹果	蔬菜
2000	0.23	0.35	0.23	0.12	0.21	0.43	0.15	0.83	0.70	0.36	0.72	1.18	1.74	1.73	0.87	1.18	—
2001	0.30	0.40	0.34	0.15	0.21	0.39	0.16	0.61	0.72	0.35	0.79	0.83	1.87	1.77	1.15	1.18	—
2002	0.26	0.34	0.30	0.13	0.29	0.51	0.15	-0.01	0.47	0.38	0.89	1.02	1.26	3.39	1.95	1.26	—
2003	0.33	0.44	0.37	0.17	0.37	0.55	0.28	1.25	0.51	0.36	0.58	1.35	1.38	4.36	2.62	1.61	—
2004	0.56	0.73	0.48	0.48	0.36	0.80	0.38	0.92	0.61	0.58	1.16	1.26	2.09	2.29	2.33	2.28	—
2005	0.48	0.62	0.45	0.37	0.33	0.66	0.27	1.18	1.08	0.65	1.22	1.02	2.41	4.19	3.10	3.23	—
2006	0.54	0.65	0.53	0.43	0.31	0.94	0.29	1.25	1.10	0.65	1.14	1.15	3.39	2.76	3.35	3.49	—
2007	0.61	0.70	0.65	0.47	0.50	1.37	0.58	1.42	1.05	0.73	1.19	0.98	2.11	2.79	3.48	4.67	—
2008	0.65	0.76	0.63	0.57	0.53	0.88	0.83	0.88	0.84	0.96	1.75	1.27	1.86	1.88	1.00	4.21	—
2009	0.70	0.82	0.69	0.59	0.47	1.36	0.46	1.46	1.12	0.82	1.83	1.82	2.45	2.54	2.46	5.65	—
2010	0.83	0.98	0.88	0.63	0.57	1.41	0.50	2.66	1.88	1.06	1.71	1.31	3.84	3.52	3.90	9.17	—
2011	0.96	1.17	1.03	0.69	0.56	1.89	0.63	1.68	1.88	1.51	2.14	1.55	4.38	4.51	3.42	9.00	4.83
2012	0.98	1.20	1.10	0.66	0.65	2.04	0.66	1.92	1.70	1.52	3.01	3.26	4.68	3.65	3.15	8.68	5.93
2013	0.94	1.10	1.02	0.69	0.58	1.45	0.78	1.83	1.39	1.47	3.04	3.27	4.92	4.32	4.48	7.89	6.24
2014	1.07	1.20	1.09	0.90	0.53	1.54	0.71	1.12	1.02	1.52	2.97	3.05	4.44	6.72	4.56	8.77	5.91

资料来源：《全国农产品成本收益资料汇编》（历年）。

附表 5－6　　2000—2014 年粮食生产和经济作物生产净收入

单位：万元/公顷

年份	三种粮食	稻谷	玉米	小麦	大豆	花生	油菜籽	棉花	甘蔗	甜菜	烤烟	晾晒烟	桑蚕茧	柑	橘	苹果	蔬菜
2000	0.17	0.30	0.17	0.06	0.15	0.37	0.09	0.75	0.58	0.27	0.67	1.13	1.64	1.62	0.82	1.09	—
2001	0.24	0.34	0.28	0.11	0.15	0.33	0.12	0.53	0.60	0.27	0.74	0.77	1.77	1.67	1.06	1.09	—
2002	0.22	0.31	0.26	0.10	0.26	0.48	0.12	0.83	0.37	0.28	0.87	0.98	1.20	3.18	1.85	1.19	—
2003	0.29	0.41	0.31	0.14	0.34	0.53	0.23	1.20	0.44	0.28	0.87	1.30	1.33	4.02	2.54	1.55	—
2004	0.49	0.65	0.40	0.42	0.29	0.73	0.33	0.81	0.48	0.48	1.06	1.13	1.97	2.22	2.12	2.15	—
2005	0.39	0.53	0.35	0.30	0.23	0.62	0.22	1.04	0.94	0.53	1.10	0.92	2.29	4.13	2.95	3.05	—
2006	0.44	0.55	0.43	0.35	0.21	0.85	0.23	1.10	0.96	0.49	1.01	1.06	3.27	2.61	3.25	3.33	—
2007	0.50	0.70	0.52	0.37	0.38	1.23	0.52	1.23	0.89	0.55	1.03	0.85	1.97	2.69	3.36	4.36	—
2008	0.52	0.63	0.48	0.44	0.39	0.73	0.74	0.67	0.65	0.77	1.56	1.11	1.71	1.73	0.81	3.93	—
2009	0.55	0.66	0.53	0.44	0.30	1.19	0.36	1.22	0.92	0.63	1.62	1.63	2.28	2.36	2.30	5.36	—
2010	0.65	0.80	0.69	0.46	0.38	1.22	0.39	2.42	1.65	0.83	1.45	1.14	3.64	3.32	3.70	8.83	—
2011	0.77	0.98	0.81	0.51	0.36	1.67	0.51	1.44	1.63	1.24	1.85	1.38	4.17	4.35	3.24	8.59	4.50
2012	0.77	0.99	0.85	0.46	0.43	1.79	0.53	1.63	1.43	1.20	2.71	2.93	4.45	3.47	2.86	8.24	5.58
2013	0.71	0.88	0.76	0.48	0.33	1.14	0.64	1.51	1.08	1.10	2.68	3.00	4.67	4.14	4.15	7.50	5.91
2014	0.81	0.97	0.79	0.66	0.26	1.22	0.56	0.78	0.70	1.16	2.58	2.76	4.16	6.51	4.16	8.34	5.60

注：净收入＝净利润＋家庭用工投入折价。

资料来源：《全国农产品成本收益资料汇编》（历年）。

第五章 我国粮食生产比较效益分析

附表 5-7   2004—2014 年粮食生产和畜禽养殖

成本利润率（基于官方工价）

年份	三种粮食	稻谷	玉米	小麦	大豆	生猪	肉牛	肉羊	蛋鸡	肉鸡	奶牛
2004	49.69	62.71	35.94	47.65	50.21	19.54	44.98	35.19	12.45	21.78	27.40
2005	28.84	39.06	24.36	20.37	30.12	5.23	27.08	18.34	9.17	4.33	24.14
2006	34.83	39.05	35.16	29.08	25.36	12.34	26.71	31.95	10.59	16.65	23.60
2007	38.49	53.88	44.66	28.57	60.05	38.32	38.63	37.60	14.95	15.86	23.27
2008	33.14	35.43	30.42	33.00	51.28	20.88	8.14	9.12	11.62	10.14	28.25
2009	32.04	36.77	31.82	26.54	28.43	9.39	20.53	21.63	5.93	9.72	28.80
2010	33.77	40.41	37.89	21.36	35.98	9.53	20.70	21.22	9.62	11.30	32.25
2011	31.70	41.39	34.43	16.56	24.95	27.40	28.57	22.12	12.83	8.94	34.33
2012	17.98	27.08	21.39	2.56	22.25	2.99	31.51	20.18	3.67	5.66	30.46
2013	7.11	13.45	7.66	-1.40	5.38	-0.06	31.67	15.54	-0.26	1.29	36.70
2014	11.68	17.41	7.69	9.10	-3.86	-7.46	27.56	3.59	10.13	6.76	29.26

资料来源：《全国农产品成本收益资料汇编》（历年）。

附表 5-8   2004—2014 年粮食生产和畜禽养殖成本

利润率（基于市场工价）

年份	三种粮食	稻谷	玉米	小麦	大豆	生猪	肉牛	肉羊	蛋鸡	肉鸡	奶牛
2004	23.70	30.24	16.35	29.59	30.53	13.83	33.38	-1.48	10.81	19.90	21.02
2005	5.01	8.04	5.40	15.53	10.86	0.95	27.27	-15.21	7.63	2.10	17.76
2006	7.96	6.19	12.89	14.30	3.82	5.72	18.67	8.37	9.00	14.30	16.69
2007	8.75	14.27	18.57	12.05	32.17	29.78	26.86	3.12	13.10	13.31	16.60
2008	0.66	-1.51	4.02	9.36	24.38	14.34	6.37	5.57	8.49	8.36	21.31
2009	-0.87	0.01	3.24	-1.34	3.14	2.94	15.92	6.01	4.19	6.18	22.25
2010	3.88	5.07	11.97	4.68	7.13	3.47	14.20	-1.01	7.75	8.21	25.86
2011	0.04	5.19	5.47	-5.86	-0.52	20.77	14.99	5.17	10.79	5.83	27.21
2012	-4.75	-0.08	1.81	-13.23	6.60	0.32	25.29	5.38	2.36	3.50	26.12
2013	-8.98	-7.79	-4.90	-8.26	-5.46	-1.98	28.35	4.97	-1.09	-0.42	32.66
2014	-4.75	-4.44	-3.78	-0.77	-11.97	-9.27	23.36	-8.32	9.18	5.00	25.28

资料来源：《全国农产品成本收益资料汇编》（历年）。

附表 5 – 9　　2004—2014 年粮食生产和畜禽养殖工日报酬 I

单位：元/工日

年份	三种粮食	稻谷	玉米	小麦	大豆	生猪	肉牛	肉羊	蛋鸡	肉鸡	奶牛
2004	34.52	39.69	28.07	35.00	40.28	36.70	50.69	24.80	86.60	96.94	74.70
2005	28.70	33.45	25.82	25.53	32.38	21.46	37.70	21.80	69.76	34.38	72.87
2006	35.59	37.76	34.30	34.06	32.35	31.67	40.45	31.64	82.23	82.76	75.17
2007	42.47	51.94	44.09	38.07	59.26	87.80	74.41	43.10	123.99	95.73	85.99
2008	47.03	49.58	42.72	48.93	70.09	72.81	85.68	61.32	95.83	101.61	114.98
2009	52.68	57.25	49.19	50.93	53.78	47.20	98.11	42.77	77.64	80.66	136.91
2010	65.77	74.21	65.35	55.29	79.63	56.04	107.99	53.44	128.94	108.84	167.65
2011	78.64	92.59	78.07	61.44	82.49	129.38	174.50	73.00	193.03	113.13	199.10
2012	83.56	98.90	85.91	60.19	101.94	67.35	248.62	92.57	104.66	105.33	220.24
2013	80.49	92.41	80.34	65.40	80.47	67.75	302.10	99.61	64.19	79.87	282.12
2014	96.80	108.83	88.04	92.89	64.69	43.57	271.00	81.67	225.23	140.00	259.84

注：工日报酬 I 是指劳均净收入，即净收入与家庭用工工日之比。

资料来源：《全国农产品成本收益资料汇编》（历年）。

附表 5 – 10　　2004—2014 年粮食生产和畜禽养殖工日报酬 II

单位：元/工日

年份	三种粮食	稻谷	玉米	小麦	大豆	生猪	肉牛	肉羊	蛋鸡	肉鸡	奶牛
2004	39.61	44.18	33.89	40.07	50.65	36.70	50.69	24.80	86.60	96.94	74.70
2005	34.84	38.79	32.68	31.92	45.43	21.46	37.70	21.80	69.76	34.38	72.87
2006	43.02	44.43	42.46	41.67	47.24	31.67	40.45	31.64	82.23	82.76	75.17
2007	51.94	52.08	54.80	48.15	77.22	87.80	74.41	43.10	123.99	95.73	85.99
2008	59.24	60.48	55.27	62.57	95.20	72.81	85.68	61.32	95.83	101.61	114.98
2009	67.64	70.48	64.27	68.13	84.21	47.20	98.11	42.77	77.64	80.66	136.91
2010	83.66	90.07	83.01	76.10	117.89	56.04	107.99	53.44	128.94	108.84	167.65
2011	95.96	110.58	99.28	83.63	129.80	129.38	174.50	73.00	193.03	113.13	199.10
2012	107.22	119.74	110.56	86.05	155.51	67.35	248.62	92.57	104.66	105.33	220.24
2013	107.08	115.89	108.39	93.82	142.19	67.75	302.10	99.61	64.19	79.87	282.12
2014	127.55	134.62	121.43	126.69	133.58	43.57	271.00	81.67	225.23	140.00	259.84

注：工日报酬 II 是指劳均现金收益，即现金收益与家庭用工工日之比。

资料来源：《全国农产品成本收益资料汇编》（历年）。

附表 5 – 11   2000—2014 年粮农工日报酬 I 与务工工资水平

单位：元/工日

年份	粮农工日报酬					雇工工价					外出务工工资
	三种粮食	稻谷	玉米	小麦	大豆	三种粮食	稻谷	玉米	小麦	大豆	
2000	9.73	13.95	9.14	4.14	14.13	18.70	20.80	17.00	18.20	17.10	23.54
2001	13.93	16.89	15.60	7.39	14.13	18.10	20.90	16.50	17.00	17.10	26.12
2002	13.48	16.38	15.54	6.88	25.20	18.14	20.33	16.40	17.70	17.10	28.58
2003	18.01	22.10	19.34	10.54	32.06	18.75	21.05	17.30	17.90	17.60	36.64
2004	34.23	39.40	27.81	34.68	39.92	22.50	24.03	20.43	19.93	21.68	37.36
2005	28.38	33.12	25.56	25.17	32.03	25.84	28.64	23.07	17.40	25.15	43.67
2006	35.23	37.39	33.99	33.62	31.99	30.26	33.43	26.66	24.53	29.54	46.11
2007	42.05	51.50	43.75	37.58	58.87	35.59	40.08	31.21	28.69	32.95	52.06
2008	46.49	49.00	42.38	48.33	69.49	46.36	51.22	39.22	39.50	42.05	60.91
2009	52.09	56.63	48.73	50.22	53.20	53.69	57.24	46.02	52.62	49.80	64.41
2010	65.11	73.47	64.84	54.54	78.82	60.67	67.02	52.10	49.19	67.47	76.82
2011	77.87	91.72	77.46	60.60	81.45	78.58	83.73	70.36	70.84	83.60	93.14
2012	82.64	97.88	85.17	59.17	100.73	92.57	99.06	82.89	85.76	86.32	104.09
2013	79.48	91.72	79.53	64.27	79.20	99.05	109.81	89.29	81.93	94.59	118.59
2014	95.72	107.61	87.17	91.70	63.33	107.49	119.60	95.53	94.60	97.62	130.18

注：由于此处是种粮农民工日报酬与务工工日报酬进行比较，工日报酬 I 在计算中还考虑了生产现金投入的机会成本，因此，此处粮食生产的工日报酬 I 是净收入减去生产投资的机会成本之后的金额与家庭用工工日之比。借鉴李首涵、何秀荣和杨树果（2015）的方法，以年收益率 5% 的理财收益计算现金机会成本；同时，考虑粮食生产现金投入一般在半年内可以收回，最终采用半年理财收益率 2.5% 计算现金机会成本。

资料来源：《全国农产品成本收益资料汇编》（历年）、《全国农民工监测调查报告》（历年）和卢峰（2012）。

附表 5 – 12   2000—2014 年粮农工日报酬 II 与务工工资水平

单位：元/工日

年份	粮农工日报酬					雇工工价					外出务工工资
	三种粮食	稻谷	玉米	小麦	大豆	三种粮食	稻谷	玉米	小麦	大豆	
2000	9.73	13.95	9.14	4.14	14.13	18.70	20.80	17.00	18.20	17.10	23.54
2001	13.93	16.89	15.60	7.39	14.13	18.10	20.90	16.50	17.00	17.10	26.12

年份	粮农工日报酬					雇工工价					外出务工工资
	三种粮食	稻谷	玉米	小麦	大豆	三种粮食	稻谷	玉米	小麦	大豆	
2002	13.48	16.38	15.54	6.88	25.20	18.14	20.33	16.40	17.70	17.10	28.58
2003	18.01	22.10	19.34	10.54	32.06	18.75	21.05	17.30	17.90	17.60	36.64
2004	34.23	39.40	27.81	34.68	39.92	22.50	24.03	20.43	19.93	21.68	37.36
2005	28.38	33.12	25.56	25.17	32.03	25.84	28.64	23.07	17.40	25.15	43.67
2006	35.23	37.39	33.99	33.62	31.99	30.26	33.43	26.66	24.53	29.54	46.11
2007	42.05	51.50	43.75	37.58	58.87	35.59	40.08	31.21	28.69	32.95	52.06
2008	46.49	49.00	42.28	48.33	69.49	46.36	51.22	39.22	39.50	42.05	60.91
2009	52.09	56.63	48.73	50.22	53.20	53.69	57.24	46.02	52.62	49.80	64.41
2010	65.11	73.47	64.84	54.54	78.82	60.67	67.02	52.10	49.19	67.47	76.82
2011	77.87	91.72	77.46	60.60	81.45	78.58	83.73	70.36	70.84	83.60	93.14
2012	82.64	97.88	85.17	59.17	100.73	92.57	99.06	82.89	85.76	86.32	104.09
2013	79.48	91.29	79.53	64.27	79.20	99.05	109.81	89.29	81.93	94.59	118.59
2014	95.72	107.61	87.17	91.70	63.33	107.49	119.60	95.53	94.60	97.62	130.18

注：由于此处是种粮农民工报酬与务工日报酬进行比较，工日报酬Ⅰ在计算中还考虑了生产现金投入的机会成本，因此，此处粮食生产的工日报酬Ⅱ是现金收益减去生产投资的机会成本之后的金额与家庭用工工日之比。借鉴李首涵、何秀荣和杨树果（2015）的方法，以年收益率5%的理财收益计算现金机会成本；同时，考虑粮食生产现金投入一般在半年内可以收回，最终采用半年理财收益率2.5%计算现金机会成本。

资料来源：《全国农产品成本收益资料汇编》（历年）、《全国农民工监测调查报告》（历年）和卢峰（2012）。

第六章 构建粮食主产区（县）利益补偿机制

　　粮食主产区和产粮大县是我国粮食的核心产区。新中国成立以来，粮食主产区和产粮大县为解决全国人民的温饱问题做出了长期的巨大贡献。进入 21 世纪之后，在工业化和城镇化步伐加快、农业内部产业结构不断调整的大背景之下，通过国家陆续实施的一系列粮食补贴政策和各种惠农政策的支持，粮食主产区和产粮大县粮食生产更是得到了长足发展，在保障粮食有效供给和国家粮食安全方面的作用也更加突出。根据国家统计局统计数据，2013 年全国 13 个粮食主产省（区）的粮食总产量为 45763.41 万吨，比 2003 年的 30578.54 万吨增长了 15184.87 万吨；2013 年全国 13 个粮食主产省（区）的粮食总产量占当年全国粮食总产量的比重为 76.03%，比 2003 年的 71.00% 提高了 5.03 个百分点。根据本书在前面的计算，2013 年 704 个产粮大县[①]粮食总产量为 39265.49 万吨，比 2003 年的 23450.66 万吨增长了 15814.83 万吨；2013 年 704 个产粮大县粮食总产量占当年全国粮食总产量的比重为 67.58%，比 2003 年的 61.38% 提高了 6.20 个百分点。

　　粮食主产区和产粮大县一方面为国家粮食安全做出了重要贡献，全体国民受益其中；另一方面粮食主产区和产粮大县也因为发展粮

---

　　① 《全国新增 1000 亿斤粮食生产能力规划（2009—2020 年）》确定的全国产粮大县共计 800 个。由于在本书的相关统计资料中，仅得到了 704 个产粮大县的相关数据，所以这里仍以 704 个产粮大县的相关统计进行对比分析。对照 800 个产粮大县的名单，缺失数据的 96 个产粮大县是黑龙江农垦的 55 个农场以及各省的 41 个区。关于 704 个产粮大县的详细说明和相关统计数据分析见第三章内容。

食生产而放弃了种植经济作物、经营养殖业等其他能够带来更多经济效益的机会。通过本书分析可以看到，产粮大县与非产粮大县相比，产粮大县人均粮食产量明显高于非产粮大县，产粮大县人均财政收入和人均农业收入水平却明显低于非产粮大县；产粮大县与全国平均水平相比，产粮大县人均粮食产量明显高于全国平均水平，产粮大县人均财政收入和人均农业收入却明显低于全国平均水平。这种状况如果长期继续下去，势必严重影响粮食主产区和产粮大县粮食生产能力的稳定和提高。而一旦粮食主产区和产粮大县的粮食生产出现大的问题，全国的粮食安全就难以得到保障。因此，必须从保障国家粮食安全的大局着眼，科学构建粮食主产区和产粮大县利益补偿机制，切实解决好"产粮大县、财政穷县"和"产粮再多，农民收入总是偏低"的问题，更好地调动粮食主产区和产粮大县农民种粮、政府抓粮的积极性。

第一节 粮食生产利益主体甄别

粮食生产利益主体主要涉及五个方面，包括中央政府、主产区省级政府、产粮大县政府、种粮农民以及主销区政府。

一 中央政府——掌控粮食安全及其利益分配的统率部

粮食是关乎兴国安邦大事的特殊商品。中央政府的权力、资源决定了其在调控利益关系、维护国家粮食安全方面所处的顶层地位及至高无上义务，需要其从国家安全与改革发展的最高利益出发，领导处理粮食的刚性需求与弹性生产的矛盾，统筹协调粮食主产区和产粮大县与非粮食主产区和非产粮大县之间，以及粮食输出地区与粮食输入地区之间的利益关系，确保粮食有效供给，满足全社会对粮食数量和质量的需求。为此，中央政府应从全方位、多层面进行体制机制、法律政策的体系设计与完善，构建科学合理的利益补偿机制。2004 年以来中央每年都以"一号文件"形式下发关于农业、农村、农民问题的《意见》或《决定》；2008 年和 2009 年国务院先后讨论通过了《国家粮食安全中长期规划纲要（2008—2020年)》、《全国新增1000亿斤粮食生产能力规划（2009—2020年)》，出台了一系列支持粮食生产发展，包括重点支持粮食主产区和产粮大县粮食生产发展的政策措施，初步构建了涵盖生产、流通、储存等各环节的政策框架，各环节利益得到了相对保护，粮食生产积极性得到相对保护，国家粮食安全供给中的主要矛盾控制在可掌控的范围之内。

二　主产区省级政府——稳定粮食生产及其利益再分配第一责任人

稳住主产省（区）就稳住了粮食生产大头。我国粮食主产省（区）主要位于长江流域、黄淮海流域以及东北地区，大多处于平原或浅丘区，适宜农作物生长，耕地面积集中，便于机械化作业及管理。2013年年末，13个主产省（区）粮食总播种面积8023.20万公顷，占全国粮食总播种面积的71.66%；13个主产省（区）农业机械总动力74322.54万千瓦，占全国农业机械总动力的71.53%；有效灌溉面积4384.37万公顷，占全国总有效灌溉面积的69.07%。2003—2013年全国粮食增产17124.31万吨，其中15184.87万吨来自粮食主产区，占比88.67%。在粮食省长负责制的体制下，省政府主要职责就是将中央政府的粮食政策落到实处，并运用再分配手段，协调国家粮食生产目标与区域经济发展、粮农增收之间的利益关系，确保粮食稳定扩大再生产，维护区域粮食流通秩序，发展现代粮食产业，用发展成果泽惠并引导相关利益者。

三　产粮大县政府——保障粮食生产及其利益协调第一执行人

产粮大县在粮食生产中具有举足轻重的地位。2013年，《全国新增1000亿斤粮食生产能力规划（2009—2020年)》确定的800个产粮大县的粮食播种面积占全国粮食总产量的65.86%，粮食产量占全国总产量的65.86%，商品粮占全国商品粮的86.70%（王巨禄，2015）。产粮大县政府作为最基层的财政预算主管机构，负责将上级政府粮食政策及补贴落实到种粮农户，并组织开展生产技术服务和农业生产条件建设，帮助解决储粮难问题，是粮食生产的直接组织者和管理者，同时也是因组织粮食生产而产生的机会选择的最大损失者，因而是主产区利益补偿的第一执行人和受益者。

四　种粮农民——粮食安全利益最大化的直接奉献者与最终受益者

作为国民，种粮农民是社会稳定、国家安全的受益者；作为生产主体，种粮农民既是"经济人"，又是奉献者。在种粮农民的生产行为选择上，种粮对口粮的预期日趋下降，种粮对增收的预期不断增强。由于粮食的特殊商品性，决定了种粮农民实现生产利益最大化的途径有两条：一是增产增收，赚取社会平均利润或超额利润；二是减产增收，创造卖方市场，利用粮食的不可替代性赚取市场暴利。增产增收与社会公共利益相一致，但由于粮食生产比较效益低，加之当前普遍小规模经营，目前"增产增收"的机会成本高于"减产增收"的机会成本，从这个意义说，农民扩大粮食生产是对保障国家粮食安全的一种奉献。这种奉献理应得到全社会的尊重和回报，通过粮食直接补贴、农资综合补贴、良种补贴、农机购置补贴等方式直接补贴补助种粮农民；通过产粮大县补偿机制，提高地方政府加强技术服务和改善农业生产条件等方面的能力，让种粮农民受益。唯此，才能夯实粮食有效供给的根基。

五　主销区政府——粮食生产利益输入主体

对粮食主产区和产粮大县而言，一方面，发展粮食生产要占用大量耕地资源、财力资源和劳动力资源，造成发展非粮食作物和第二、第三产业的机会损失；另一方面，由于当前面临国际粮价明显低于国内粮价的压力，国内粮食生产收益偏低，因而，产粮大县在商品粮调出过程中，国家给予的转移支付和粮食补贴、地方政府投入的财力支持，以及农民付出的生产成本有相当部分随之流失，这使地方政府和种粮农民的利益受到损失。邓蒙芝（2014）根据对河南滑县的调研情况算了一笔账，河南滑县2012年粮食产量137.80万吨，用于粮食生产投入的各类资金6.90亿元，每吨粮食含有补贴资金约为500元，这就意味着每调出一吨粮食就有500元补贴资金贡献给了调入地。齐海山和郭翔（2014）通过对吉林省粮食生产的调研分析指出，产粮大县每年对粮食生产的大量投入主要用于农业基础设施建设、农业生产补贴、农业要素补贴等，这些投入最终物化并分摊到粮食产品中，并随着商品粮的调出而逐年外流，但这些投入却未被计入粮食生产成本中，实际造成落后地区补贴发达地区的局面。对粮食输入地区而言，粮食从产区的大量调入，一方面，间接享受了国家下拨给粮食主产区和产粮大县的转移支付与粮食补贴，以及粮食主产区、产粮大县地方政府和种粮农民的各种投入；另一方面，又可集中土地、人力、物力、财力等资源发展经济效益较高的非粮作物和第二、第三产业。可以看出，粮食主产区、产粮大县与主销区、非产粮大县存在着明显的利益补偿关系。

第二节　粮食生产主要利益关系辨析

一　中央政府、主产区省级政府与产粮大县政府的义务关系

中央统筹安排，地方协同支持，共同履行保障国家粮食安全的责任，是中央政府、省级政府与产粮大县政府三者的共有义务。中央和省政府从全局利益出发，赋予产粮大县稳定发展粮食生产的重要职责并给予政策支持；主产区、县政府具有集中力量发展好粮食生产的义务和责任。但目前来看，中央对粮食主产区和产粮大县扶持政策的力度与产粮大县粮食生产及社会事业发展、民生改善需求还有较大差距，而粮食主产区和产粮大县则存在突出发展经济作物及第二、第三产业的取向，形成义务、责任取向的偏差或错位。因此，要确保国家粮食安全，需要用行政的、法律的、政策的手段保障中央、粮食主产区和产粮大县各级政府履行好各自应承担的义务和责任。

二　产粮大县政府发展粮食生产与发展县域经济的主次关系

发展粮食生产和发展区域经济对于产粮大县至关重要，但分清两者的主次，是政府决策的关键。由于改善民生需要政府提供更多、更及时的公共产品与服务，因而拓展渠道，发展县域经济，增

加公共财政收入和支出，是县政府无可非议的选择。然而，这种选择常常难免出现挤占粮食生产的倾向，弱化主产县粮食生产的功能，对国家粮食生产基础建设产生不利影响。因此，应要求产粮大县政府切实履行抓粮职责，把保障粮食生产发展作为第一要务，同时，国家应有效维护并实现其同等经济权益，保证其责权统一。

三 产粮大县政府粮食安全责任与农民种粮的经济关系

在农业灾害多发、频发、重发日趋常态化的形势下，高产优质是政府履行稳粮抓粮职责的标志之一，但有时这与种粮农民追求增收的意愿相悖。近年来，虽然国家加大了粮食生产补贴，对主要农产品也采取了最低收购价政策，以保护种粮农民的利益，但是，由于生产资料价格的普遍持续上涨，农民真正得到的实惠并不多。因此，正确处理好产粮大县政府粮食安全责任与农民种粮的经济关系，保护农民种粮积极性，始终是稳定和提高粮食生产能力的首要问题。

四 政府行政调控与财政支持的统筹关系

为确保粮食安全，国家采取了行政、法律、经济等多重措施，诸如粮食省长负责制，对耕地、粮食库存立法保护，对产粮大县财力奖励，等等。但近些年来，违法违规占用耕地、挤占粮田、粮食储备措施落实不到位等不利于粮食生产发展的现象屡见不鲜。究其原因，主要在于"粮食大县、财政穷县"以及农民种粮比较效益和绝对效益偏低问题尚未有效解决。因此，落实粮食安全责任，必须统筹政府行政调控与财政支持的关系。

五 粮食主产区与主销区的利益协调关系

粮食主产区和主销区在维护国家粮食安全方面的根本利益应该是一致的。但是目前，在产销区之间粮食生产、储备、销售与流通渠道不尽合理，供求关系不够稳定，特别是流通粮食与生产资料工业品、初级农产品与精加工产品之间的价值差异，形成了粮食主产区向主销区的利益转移，主产区与主销区的利益关系不够公平合理和科学。

第三节　构建粮食主产区和产粮大县利益补偿机制的政策建议

一　坚持以产粮大县和种粮农民为利益补偿的重点对象

产粮大县粮食生产发展状况攸关我国粮食安全全局。由于产粮大县政府发展粮食生产不但不能增加地方财政收入，而且还会因此增加财政支出，不同程度影响了地方政府抓粮和农民种粮积极性。近些年来，一些产粮大县的人均粮食产量已下降到全国平均水平以下。2013 年，浙江、广东、广西、重庆、贵州、陕西 6 省（区、市）产粮大县人均粮食产量分别为 399.69 千克、345.44 千克、388.49 千克、433.13 千克、399.49 千克、427.32 千克，低于当年全国平均水平442.37 千克。县级政府是国家粮食安全战略和相关法律法规与政策的具体实施者，是地方土地、财力、人力、物力等资源在多大程度上投向粮食生产的决策者，以及县域粮食生产发展的直接责任者和领导者。可以预见，在不断加快的工业化和城镇化进程中，非粮食主产区和非产粮大县无疑将继续走在经济发展前面，因而在确保国家粮食安全方面，产粮大县将肩负着更大的责任。因此，国家应坚持把粮食主产区的产粮大县和非粮食主产区的产粮大县作为粮食生产利益补偿的重点对象。

农民是粮食的具体生产者。产粮大县的粮食生产能力能否保持稳定和提高，最终还取决于农民种粮积极性的高低。而在作物种植品种选择和各种生产要素投入日趋市场化的形势下，农民种粮积极性的高低在更大程度上取决于种粮收益的多少。因此，要想让产粮大县在确保国家粮食安全方面有更大的担当，必须也把种粮农民作为粮食生产利益补偿的重点对象。

二　坚持公平合理的利益补偿原则

所谓公平合理，即保证产粮大县不因集中土地、财力、人力、物力等资源发展粮食生产而吃亏，保证以同样资源投入和劳动付出不因发展粮食生产而比发展其他产业收入减少。在这一总原则之下，对产粮大县县级财政的补偿目标应是通过综合补偿，使产粮大县的人均财政支出水平逐步达到全国平均水平，能够基本弥补其发展粮食生产的投入，满足其发展必需的社会事业和改善民生的基本需求。

对产粮大县农民的补偿目标，应是以同样条件的土地和同样数量的投入获得的种粮收入不比其他作物种植的收入有明显差距，靠适度规模的种粮收入能够过上小康生活。

此外，粮食主销区是国家粮食安全战略受益者，按照公平、合理的原则，粮食主销区政府应同主产区政府共同承担实现国家粮食安全战略的责任与义务。

当然，实现上述目标需要一个过程，需要国家经济发展水平的整体提高和国家财力的不断增强。国家应该把坚持公平合理作为构建粮食生产利益补偿机制的宏观政策取向，并努力缩短实现上述目标的进程，以更好地发挥产粮大县在实现国家粮食安全战略中的中坚支撑作用。

三 完善中央财政补贴机制

中央财政应加大对产粮大县的转移支付和奖补力度，并将其与粮食种植面积、粮食产量、粮食输出量之间的联系机制化，使产粮大县政府对粮食生产的发展有充满希望的预期。对产粮大县农民种粮的各种补贴及动态调整也应使之机制化，让农民对通过种粮能够获得的补贴和收入胸中有数，进而使其能够对从事粮食生产保持稳定意愿和长期布局。同时，对农民种粮的利益补偿机制还应有利于鼓励农民稳定粮食种植面积、应用增产稳产技术、发展适度规模经营、参与农业保险等。

其一，稳定粮食种植面积是稳定粮食生产能力的前提，然而，今后随着农业内部产业结构的不断调整，稳定粮食种植面积的压力必然越来越大。因此，对农民种粮的利益补偿机制应加大稳定粮食种植面积的力度。

其二，产粮大县在多年连续增产的基础上，今后要继续挖掘粮食增产潜力，关键在于通过增强科技支撑能力进一步提高单产。因此，应进一步加大对种粮农民应用新技术、新成果的补贴范围和标准。

其三，绝大多数产粮大县农业种植主要以粮食作物为主，而农户仅靠自家不多的承包地种粮，其收入无法满足家庭开支需要，因而青壮年劳动力外出务工的比例高于非产粮大县。因此，国家应加大对产粮大县种粮大户、家庭农场、农民合作社等新型经营主体的支持力度，而且既应包括对土地流入方的支持，也应包括对土地流出方的鼓励，以促进土地向专业大户、家庭农场、农民合作社等新型经营主体流转，加快适度规模经营发展。

其四，粮食生产易受自然灾害影响，绝大多数产粮大县一旦遇到不可抗拒的自然灾害，种粮农民就会因严重减产而大幅减收。特别是实行规模经营的种粮大户，一旦出现大面积的粮食绝产绝收，就可能受到灾难性的打击。因此，国家应提高对产粮大县保险保费补贴标准，实现粮食作物入保全覆盖，保证理赔标准能弥补种粮农民因自然灾害遭受到的大部分损失，具有尽快恢复生产的能力；同时，取消产粮大县地方政府承担的保险保费补贴部分。

四　完善粮食主销区补偿机制

一是建议国家根据财力状况对粮食主销区进行分类，对财力状况较好的地区，可由其地方政府全部或部分地承担现在由中央财政支付给种粮农民的各种补贴，并将中央财政因此调减下的这部分资金用于扶持产粮大县发展粮食生产。

二是由国家按照"谁受益，谁补偿"原则，明确粮食主销区应承担的利益补偿义务，并建立与粮食需求量相联系的动态调整机制。粮食主销区所承担的粮食利益补偿资金，纳入国家粮食利益补偿基金进行统一管理和分配。

五　进一步加大对产粮大县农业基础设施建设的投入力度

近年来，虽然国家逐步加大了对农业基础设施的投入，我国农业生产条件有了很大改善，但仍然比较薄弱。可以预见，在今后较长的一段时间内，即使国家通过加大转移支付力度等综合补偿措施使产粮大县人均财政支出达到全国平均水平,绝大多数产粮大县的财力仍无法满足粮食生产发展所需要的农业基础条件建设资金需求。因而,国家财政应继续加大这方面投入,支持产粮大县加强农田水利建设,开展高产创建活动,改造中低产田,推广节水灌溉技术等,使产粮大县能够保持粮食生产能力的稳定和提高。

六 进一步加大对产粮大县发展第二、第三产业的支持力度

近几年来,许多产粮大县在抓粮食生产的同时,大力发展第二、第三产业,并取得了一定成效;但是,由于缺乏相应的财力支持,第二、第三产业发展的速度还不够快,对本级财政的贡献甚微。国家应加大对产粮大县发展第二、第三产业的支持,帮助其实现第一、第二、第三产业融合发展,特别是应支持产粮大县利用粮食生产的优势,延长产业链,发展粮食深加工,提高粮食附加值,增强自身造血功能,进而增强自身发展粮食生产的财政支持能力。

第七章 完善我国粮食扶持
政策的对策建议

　　通过前面分析可以看到，2004 年以来，我国粮食生产能力得到显著提高，但粮食补贴政策实施过程中还存在一些需要完善的地方。中共中央在《关于制定国民经济和社会发展第十三个五年规划的建议》中，基于确保国家粮食安全的需要，再次重申要"坚守耕地红线，实现藏粮于地、藏粮于技战略，提高粮食产能，确保谷物基本自给、口粮绝对安全"，并明确提出了"完善农业补贴政策"的要求。2004 年以来，在国家一系列粮食生产政策的扶持下，我国粮食生产实现了连年增产，而且自 2013 年以来，粮食总产量稳定在 6 亿吨以上，人均占有量稳定在 440 千克以上，这对于保障国家安全和国民经济持续健康发展提供了重要的基础条件。但是，在新形势下也出现了一些新情况，特别是由于粮食生产成本上升和国际粮价下滑造成国内外粮价倒挂，并伴随国内粮食库存和进口双增加等问题的出现，导致在是否需要继续加大对粮食生产扶持方面产生了不同主张。部分观点认为，已不需要再继续加大对粮食生产的政策扶持力度，可以通过进口更多的粮食来满足国内需求。然而，我国粮食生产发展的历史经验教训一再告诫：国家对粮食生产政策的完善程度和扶持力度与粮食安全息息相关。因此，在新形势下，应按进一步深化对保障国家粮食安全重要性和完善粮食扶持政策必要性认识，在深化认识基础上进一步把握好完善粮食扶持政策的总体原则和主要方向。

第一节　进一步深化对保障国家粮食安全重要性的认识

一　应充分认识到确保国家粮食安全是保障国家安全、社会稳定和国民经济持续发展的重要前提与基础

民以食为天。习近平总书记在 2013 年中央农村工作会议上的讲话中指出，"我国是个人口众多的大国，解决好吃饭问题始终是治国理政的头等大事"，并强调"我们的饭碗必须牢牢端在自己手里，粮食安全的主动权必须牢牢掌握在自己手中"。粮食安全是国家安全、社会稳定和国民经济可持续发展的重要前提与基础。一旦粮食安全出现大的问题，必然将引发出一系列影响国家安全、社会稳定的矛盾和问题，并使国民经济的可持续发展失去基础支持。在这方面，我国既有着丰富的成功经验，也有过深刻的历史教训。1978 年以后，我国率先在农村进行改革，有效调动了广大农民种粮积极性，迅速扭转了我国粮食长期严重不足的局面；到 1983 年，我国粮食总产达到 3.87 亿吨，人均 375.97 千克，在总体上解决了全国的温饱问题。然而，随着农村改革政策效应的释放，到 20 世纪 90 年代初期，我国粮食供给开始出现了低水平的相对过剩，一些地方出现了"卖粮难"现象。基于此，国家采取了建立国家专项粮食储备制度等措施，再加上粮食生产经历了 5 年徘徊，"卖粮难"问题得到缓解。1996 年我国粮食总产量首次突破 5 亿吨，但经过连续几年高产，"卖粮难"问题再次出现，市场粮价持续下跌，严重挫伤了农民种粮积极性，一些地方政府也出现忽视粮食的倾向，加上自然灾害等因素的影响，我国粮食生产在 2000 年后连年下滑。到 2003 年，我国人均粮食产量下降到 333.29 千克，跌破了人均 360 千克的"温饱"线，回到了改革开放之初的水平。

当前，随着粮食多年持续增产，在粮食生产、储存、流通、进口等诸环节确实出现了一些新矛盾、新问题；面对这些新矛盾、新问题，部分对粮食安全问题的认识和观点又出现了"好了伤疤忘了疼"的倾向，呈现出重复历史教训的趋势。因此，国家相关部门和各级地方政府应真正统一思想认识，切实把确保粮食安全作为"治国理政的头等大事"来抓。

二　应充分认识到立足国内确保国家粮食安全是基于我国国情的必然选择

近几年来，一方面由于粮食进口的国际环境相对宽松，另一方面由于粮食进口价格低于国内粮食价格，部分观点对立足国内确保粮食安全的必要性产生了模糊认识，这无疑对完善粮食扶持政策是有害无益的。对此，我们必须保持清醒的头脑。

国家通过适当进口部分粮食，以减轻国内农业资源环境压力，弥补部分粮食品种供求缺口，是十分必要的。但是，如果认为目前的国际粮食市场交易环境和交易价格是长期可持续的，进而提高对国际粮食市场的可靠预期和依赖程度，则是相当危险的。一方面，全球正常年景下每年粮食的可贸易量为3亿吨左右，仅相当于我国半年的粮食需求量，而且这3亿吨左右的粮食是在全球充分竞争的情况下进行贸易的，任何情况下不可能全部归我国所有。另一方面，国际粮食市场贸易极易被政治、经济、自然灾害、战争等因素所左右，具有极大的不确定性。

例如，2006年开始，由于受自然灾害和欧美国家发展生物燃料等因素的影响，粮食价格连年大幅上涨，其中，2006年上涨了12%，2007年上涨了24%，2008年前8个月上涨幅度超过50%，导致了一场严重的国际粮食危机的发生。当时的国际粮价飙升对世界经济和全球安全产生了严重影响。在非洲地区，有3亿人口生活在日均消费1美元的贫困线以下，许多国家的粮食需求严重依赖进口；伴随着粮价上升，多个非洲国家相继发生"粮食骚乱"造成人员伤亡；全球最大大米出口国泰国也受到影响，2008年4月出现"米荒"，大米价格飙升幅度超过100%；全球最大的大米出口国泰国、素有欧洲粮仓之称的乌克兰、亚洲粮食生产大国埃及等部分国家因本国粮食供需紧张和粮食储备缺乏对粮食出口实行限制，甚至完全禁止的政策。

根据 FAO 分析数据，2008 年，世界粮食库存由 2002 年的 30% 下降到 14.70%，为 30 年以来之最低；世界粮食库存仅为 4.05 亿吨，只够人类维持 53 天（陈利君，2009）。这次国际粮食危机虽然已经过去了十几年，但对我们牢牢坚持立足国内确保粮食安全的方针仍具有不可忘却的警示意义。

也正是基于对我国基本国情和世界粮食贸易情况的准确判断，习近平总书记指出，立足国内基本解决了我国人民吃饭问题，是由我国的基本国情决定的，也是我们一以贯之的大政方针；一个国家只有立足粮食基本自给，才能掌握粮食安全主动权，进而才能掌控经济社会发展这个大局；靠别人解决吃饭问题是靠不住的，如果口粮依赖进口，我们就会被别人牵着鼻子走（习近平，2013）。

三 应充分认识到确保国家粮食安全是一项极其艰巨的长期战略任务

当前，随着我国粮食连年丰收和粮食库存压力增大，部分观点开始对粮食的生产、供给产生了过于乐观的判断，甚至认为国家已无必要继续加大扶持粮食生产的政策力度。然而，必须清醒认识到，保障国家粮食安全是一项极其艰巨的长期任务。

第一，粮食刚性需求不断增长的趋势将长期存在。需求增长主要来自三方面的因素：

其一，人口数量的增长将带动粮食需求规模的扩张。进入 21 世纪以来，我国平均每年新增人口 700 万左右，人口数量在未来较长一段时间内仍将持续增长。2014 年，我国粮食人均占有量为 443.79 千克，依此计算，每年新增人口就需增加粮食产能 300 万吨以上。

其二，城乡居民食物消费结构的升级将带动粮食需求规模的扩张。随着我国经济的持续发展，城镇化进程将得到进一步推进，农村居民转变为城镇居民后人均畜产品消费水平将有明显增加（见图 7-1）；同时，随着我国经济的持续发展，城乡居民收入水平将进一步提高，城乡居民购买力水平将进一步提升，这些因素都将进一步带动我国居民食物消费结构的升级（见图 7-2），居民膳食结构

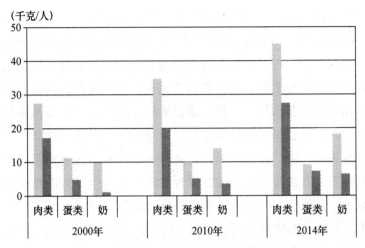

图7-1 2010—2014年我国城乡居民消费差距

注：统计口径为户内消费；肉类包括猪、牛、羊、禽肉。

资料来源：《中国统计年鉴》（历年）和《中国农村统计年鉴》（历年）。

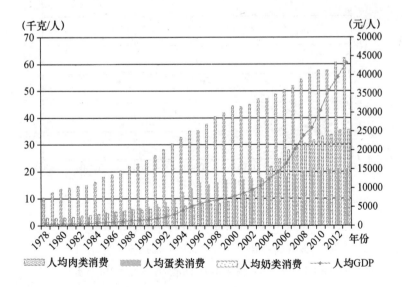

图7-2 1978—2013年我国城乡居民畜产品消费水平和人均GDP

注：肉类包括猪、牛、羊、禽肉。

资料来源：FAOSTAT。

中动物蛋白的摄入量将进一步增长。根据 FAO 统计数据，从目前世界各国人均动物蛋白消费水平来看，与相同人均 GDP 水平国家比较，我国人均动物蛋白消费处于中等偏上水平，但是，距离相同经济发展水平的动物蛋白消费高的国家还有很大差距，与发达国家人均动物蛋白消费水平相比较差距更大（见图7－3）。本书依据 FAO 统计数据，通过深入分析世界各国家地区畜产品消费变动趋势，并在借鉴我国台湾、香港地区，以及日本等国家地区畜产品消费规律的基础上，结合我国实际国情，对我国中长期肉类产品消费的趋势判断为：目前，我国人均肉类消费量大致在60千克，人均肉类消费水平还有较大的增长空间；到2030—2035年，我国肉类消费进入拐点阶段，人均肉类消费水平大致达到80千克。城乡居民对动物蛋白摄入量的增长将带动饲料粮需求的增长。

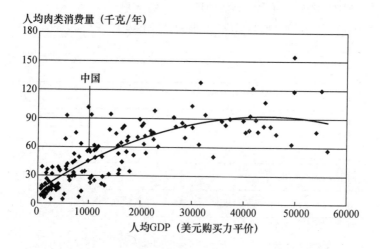

图7－3　2011年世界各国人均肉类消费量

注：人均 GDP 按照2011年国际美元不变价格购买力平价（PPP）计算。

资料来源：FAOSTAT 人均肉类消费量数据和世界银行人均 GDP 数据。

其三，生物燃料用粮和其他工业用粮的增长将带动粮食需求规模的扩张。

第二，人多地少、水资源严重短缺的"瓶颈"因素将长期存在。2014 年末，我国总人口已达到 13.68 亿，而我国适宜稳定利用的耕地只有 1.20 亿公顷多。根据 FAO 统计数据，当前我国耕地面积仅占世界总耕地面积的 8%，我国人口数量却占世界总人口数量的 19%，我国人均耕地面积不到世界平均水平的1/2（见图 7 - 4）。在水资源方面，我国人均水资源占有量约 2100 立方米，仅为世界平均水平的 28%。而且，水资源的时空分布不均衡：降水主要集中在夏季，春耕和秋冬种期间用水矛盾突出；淮河以北地区耕地面积约占全国的 2/3，而水资源不足全国的 1/5；北方部分地区已出现地下水严重超采（国务院，2010）。同时，随着城镇化、工业化发展，耕地和水等农业资源持续向农业外部转移，包括粮食在内的整个农产品生产的农业资源约束都更将趋紧，稳定粮食播种面积和扩大有效灌溉面积的难度必然越来越大。我们必须对实现国家粮食安全目标的艰巨性和长期性有足够的认识，才能在粮食扶持政策方面不为短视和轻视等有害倾向所干扰。

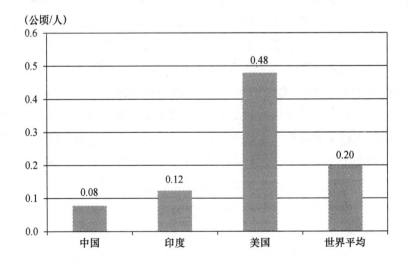

图 7 - 4　2013 年世界各国人均耕地面积

资料来源：FAOSTAT。

第二节 进一步深化对完善粮食扶持政策必要性的认识

一 完善粮食扶持政策是进一步调动和保护农民种粮、地方政府重农抓粮积极性的需要

比较效益是影响农民和地方政府重农抓粮积极性的关键因素。对种粮农民而言，2004 年以来，国家陆续推行一系列粮食扶持政策，粮食价格总体也稳定上升，但由于粮食生产成本不断上升导致的"地板价格"上升效应，以及国内外农产品价格倒挂导致的"天花板价格"下压效应，农民种粮的获益空间狭窄，与从事其他产业相比，种粮的比较效益仍旧明显偏低；而且，由于我国人多地少，规模化经营程度低，农户仅靠种粮收入普遍无法满足生产生活的基本需要。一些地方已经出现粮食生产"口粮化"、"副业化"的趋势，农村劳动力和农村资金大量外流。《2014 年全国农民工监测调查报告》（国家统计局，2015）数据显示，近年来我国农民工数量一直保持持续增长态势，虽然近三年较之前年增 1000 万的增速有明显下降，但农村青壮年劳动力仍以每年 500 万—600 万的速度流出；2014 年农民工数量达到 2.74 亿，这相当于全国农村平均每户家庭就有 1 位青壮劳力离开农业，进入城镇务工。对产粮大县而言，虽然国家实行了奖补政策，但是，大多数产粮大县一方面因集中资源发展粮食生产，第二、三产业发展缓慢，地方财政缺乏优质税收资源；另一方面还要在财力有限的情况下，增加粮食生产投入，"产粮大县、财政穷县"的现实矛盾仍然较为突出。上述状况若长期持续下去，必然会对粮食生产的可持续发展带来严重影响。因此，只有不断完善粮食扶持政策，切实调动和保护好农民种粮与地方政府重农抓粮的积极性，才能实现粮食生产的长期可持续发展。

二　完善粮食扶持政策是进一步提高科技支撑能力、公共服务和社会化服务水平的需要

在科技支撑方面，近几年来我国农业科技进步贡献率虽然有了较大的提高，但目前仍比发达国家低 20 个百分点左右（魏礼群，2014）。农业科研与生产实际结合仍然不够紧密，基础性研究比较薄弱，创新能力不强，基层科技推广体系和机制仍然不够健全和完善，人员不足、活力不足的问题仍然突出。在公共服务方面，以及体系、机制、队伍、信息服务平台建设方面仍相对滞后，粮食等农作物重大病虫害监测预警和防控能力建设及粮食等重要农产品的市场监测预警服务能力建设与实际需要尚有较大差距。在社会化服务方面，化肥、农药等农资供应服务仍然存在市场秩序不够规范的现象；粮食等农作物病虫害专业防治服务程度不高；农机社会化服务在组织化、规范化等方面也存在较大差距。以上这些问题，也迫切需要通过进一步完善粮食扶持政策加以解决。

三　完善粮食扶持政策是进一步改善粮食生产基础条件和建立健全粮食生产保障机制的需要

经过长期建设，我国粮食生产基础条件虽然有了较大改善，但仍然比较薄弱。在现有的耕地中，中低产田约占 2/3。中低产田如此之多，极易造成单产不稳定。农田水利建设尤其是部分地区小型农田水利建设严重滞后，部分灌区工程设施老化失修，工程不配套，水资源利用率不高。2014 年年底，我国农田有效灌溉面积虽然达到 6453.95 万公顷，但仅占耕地面积的 50% 左右；而且，在有效灌溉面积中有大约 10% 的耕地得不到实际灌溉（洪涛和傅宏，2014）。总体而言，我国粮食生产抗御自然灾害的能力仍然较差，未从根本上摆脱靠天吃饭的局面。根据国家统计局统计数据，最近十年（2005—2014 年），全国农作物受灾面积高的年份为 4899 万公顷，低的年份也达到 2489 万公顷，平均每年为 3667 万公顷；成灾面积高的年份为 2506 万公顷，低的年份也达到 1147 万公顷，平均每年为 1826 万公顷。在这十年的成灾面积中，水灾面积 4410 万公顷，占 24.15%；旱灾面积 8869 万公顷，占 48.57%。其中，仅旱灾而言，全国平均每年旱灾发生面积1728万公顷，平均每年成灾面积887万公顷，平均每年因旱灾造成的粮食损失在3000万吨以上，约占同期粮食总产量的6%。要改变粮食生产基础比较薄弱状况，提高抗御自然灾害的能力，也必须通过不断完善粮食扶持政策，持续加大粮食生产条件改善投入力度和建立健全粮食生产保障机制来加以解决。

四 完善粮食扶持政策是国家、城市和工商业反哺"三农"的需要

十多年来的实践经验证明，完善粮食扶持政策，加大粮食扶持力度，是保护和调动农民种粮与地方政府抓粮积极性最有效的措施之一。当前，加大对粮食扶持政策力度，既要考虑到财力的统筹安排，做到加大粮食扶持政策力度与整个国民经济发展和财力增长相协调，但更重要的是要解决好思想观念问题。近几年来，随着国家对粮食及整个"三农"投入的增加，也随着粮食生产、粮食市场、粮食储备等方面出现的一些新情况、新问题，在继续加大对粮食扶持政策力度方面出现了不同的主张，部分观点认为，国家粮食扶持政策的力度已经够大了，今后没有必要再继续增加，只需对现有的盘子进行结构调整即可。然而，根据本书对宏观和微观数据的研究分析和实地调查认为，无论是对农民种粮的补贴力度还是对产粮大县的扶持力度仍然需要继续加大，而且也完全应该继续加大。

其一，新中国成立后的相当长时间内，由于我国工业基础薄弱，财力严重不足，出于国民经济和社会发展的需要，国家实行的是"取之于农"的政策，通过农业特别是粮食生产的发展，为工业和城市发展提供财力支持和粮食等农产品供应保障。农业、农村、农民为此做出了巨大的利益牺牲，城乡之间的差距逐步扩大，农民长期处于低收入水平。在现阶段，农民增收和产粮大县经济社会发展迫切需要国家、城市和工商业给予支持。因此，从农村、农业、农民对国家、城市、工商业发展的历史贡献角度来审视，国家、城市和工商业加大对农村、农业、农民与产粮大县的支持力度是完全应该的。

其二，改革开放后，经过30多年的努力，我国经济和社会发展取得了令世人瞩目的成就，城市面貌变化日新月异，城镇化率不断提高。而城市在很大程度上是靠廉价占用农村土地发展起来的，一方面，耕地减少置换得到了城市经济的发展，城市经济的发展给国家提供了巨额的税收来源；另一方面，耕地减少给农村、农民发展粮食生产和增加种地收入增加了很大难度。从这种意义上讲，国家和地方政府继续加大惠农政策和对产粮大县扶持力度，也是对农村和农民应当给予的补偿。

其三，由于生产资料、人工等粮食生产要素成本不断上涨（见图7-5至图7-8），而又受制于国际粮价的压力（见图7-9），农民种粮效益明显偏低（见图7-10）。而且，农民出售的粮食和产粮大县调出的商品粮中包含相当一部分国家给予农民的种粮补贴和国家给予产粮大县的财政转移支付及奖补资金，因而，农民现在得到的种粮补贴和产粮大县得到的财政转移支付及奖补资金中，有相当一部分是名义上的，而并非全部是实际上的。此外，产粮大县在农业综合开发、农业基本建设、农技推广、农业保险等方面还要从有限的财力中安排配套资金和相关经费，这更容易导致产粮越多而财政越穷的现象出现。

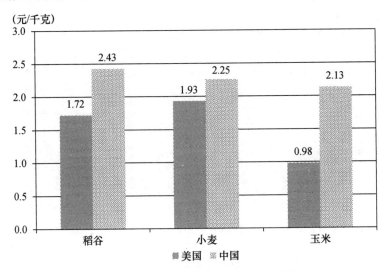

图7-5　2014年中美粮食生产成本差异

资料来源：《全国农产品成本收益资料汇编》（2015）。

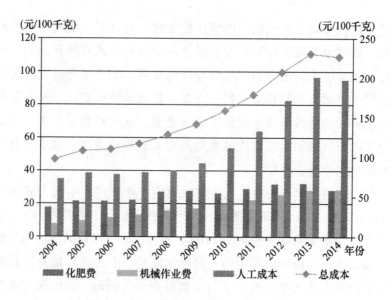

图7-6 2004—2014年我国粮食平均生产成本

注：稻谷、玉米、小麦三种粮食平均。

资料来源：《全国农产品成本收益资料汇编》（历年）。

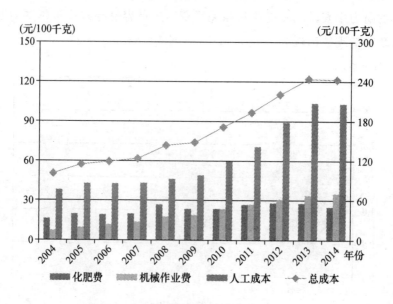

图7-7 2004—2014年我国稻谷生产成本

资料来源：《全国农产品成本收益资料汇编》（历年）。

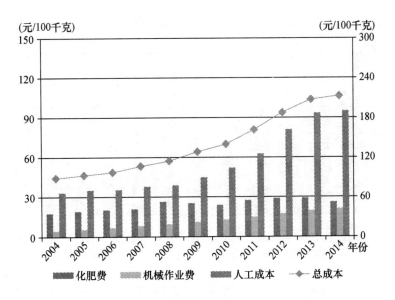

图 7 - 8　2004—2014 年我国玉米生产成本

资料来源：《全国农产品成本收益资料汇编》（历年）。

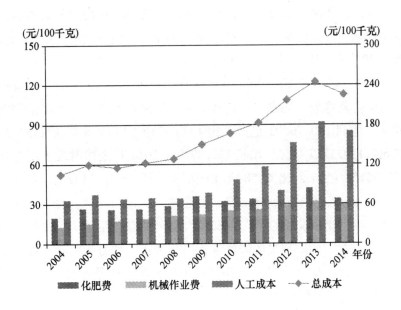

图 7 - 9　2004—2014 年我国小麦生产成本

资料来源：《全国农产品成本收益资料汇编》（历年）。

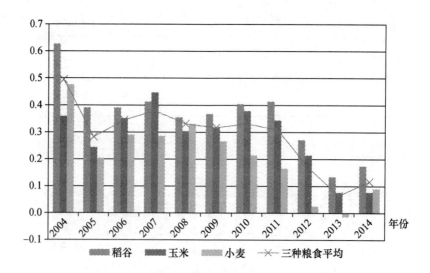

图 7 - 10　2004—2014 年我国粮食生产成本利润率（净利润/生产成本）

资料来源：《全国农产品成本收益资料汇编》（历年）。

其四，从国际比较来看，发达国家对农业、农民的补贴占财政支出比例向来比较高。美国农民收入 60% 来自国家财政，欧盟农民收入 30% 来自国家财政（尹成杰，2015）。

其五，经过改革开放后 30 多年来的发展，我国已具备了继续加大对粮食及整个"三农"扶持政策力度的财力条件。2014 年全国财政收入达到 140370.03 亿元，比 1978 年增加（1978 年为 1132.30亿元）139237.7 亿元，增长 122.97 倍；2014 年全国财政支出达到151785.56 亿元，比 1978 年增加（1978 年为 1122.10 亿元）150663.46 亿元，增长 134.27 倍。总之，无论从农村、农业、农民对我国经济社会发展的历史贡献和当前贡献看，还是从粮食安全和整个"三农"问题解决的需要看，以及从我国财力状况看，进一步加大对粮食和整个"三农"扶持政策的力度，既是必要和应该的，而且也是可以做到的。

第三节　进一步完善粮食扶持政策的总体原则和主要方向

一　完善粮食扶持政策的总体原则

完善粮食扶持政策的总体原则，应是立足我国基本国情，着眼于国家长治久安和国民经济长期可持续发展，从有利于调动农民种粮和地方政府特别是粮食主产区与产粮大县政府重农抓粮的积极性，有利于保护耕地和稳定粮食播种面积，有利于改善粮食生产基础条件，有利于提高科技支撑能力和社会化服务水平出发，加大对粮食生产的政策扶持力度，创新和完善扶持政策的体系与机制，继续稳定和提高粮食生产能力，牢牢守住"谷物基本自给，口粮绝对安全"的底线，努力满足民生改善和经济发展对粮食供给的需要，确保国家粮食长久安全。

二　完善粮食扶持政策的主要方向

就现阶段看，完善我国粮食补贴政策应以"十个着力"为主要方向：

（一）着力完善顶层设计并确保真正得以落实

2004—2015 年，中央连续发出了 12 个以包括粮食生产在内的整个"三农"工作为主题的"中央一号文件"；近年来，习近平总书记在多次会议上对粮食生产和整个"三农"工作进行了极为透彻的阐述，并提出系统要求；国务院分别在 2008 年、2009 年和 2015 年讨论通过了《国家粮食安全中长期规划纲要（2008—2020 年）》、《全国新增 1000 亿斤粮食生产能力规划（2009—2020 年）》和《全国农业可持续发展规划（2015—2030 年）》。在 12 个"中央一号文件"和习近平总书记相关讲话及国务院讨论通过的相关规划中，已经在粮食扶持政策问题上形成了日渐明晰的顶层设计框架，这为今后完善粮食扶持政策提供了明确的方向和目标。

国家应在已有实践和经验的基础上，根据国内外粮食供需新形势，粮食市场出现的新问题、新变化，以及确保我国粮食长期安全的战略需要，进一步完善粮食扶持政策的顶层设计。同时，应采取行之有效的综合措施，确保国家顶层设计不折不扣地得到全面准确的执行。特别是应增强国家顶层设计执行的定力，加强宏观把握和放长眼光，积极应对粮食生产和粮食市场出现的各种新情况、新问题，防止一些阶段性因素和暂时性困难干扰国家顶层设计的执行，并进一步明确和落实国家相关部门与地方政府的责任。

党中央和国务院关于粮食生产和粮食扶持政策的顶层设计要靠国家相关部门与各级地方政府来落实。国家相关部门应进一步强化粮食安全观念，在完善粮食扶持政策、提高粮食综合生产能力方面谋大局、求务实、尽职责、尽全力。国务院 2014 年 12 月发布的《关于建立健全粮食安全省长责任制的若干意见》进一步明确省级人民政府的粮食安全责任，各省（区、市）应当按这一要求切实承担起保障本地区粮食安全和落实国家粮食扶持政策的主体责任，并保证这一责任的层层落实。

（二）着力保护农民种粮积极性

农民是粮食直接生产者，农民种粮积极性的高低是粮食综合生产能力能否得到持续稳定和不断提高的根本因素，因而也是完善粮食扶持政策的重要着力点。国家和地方政府应进一步优化国民收入分配格局，优化财政支出结构，根据国家和地方政府的财力情况，尽可能加大对粮食生产的政策扶持力度。增强粮食补贴政策的科学性、有效性和合理性，切实提高实际种粮者收入。继续稳定和完善土地承包经营关系，鼓励和引导农民增加技术和资本等生产投入，并在自愿的基础上，发展种粮专业大户、家庭农场等规模经营主体，提高粮食生产规模效益。在制定和完善对种粮大户等新型经营主体的扶持政策时，应注意以下三点。

第一，把握好对规模经营的扶持导向。从实地调查的情况看，粮食种植规模过大的种粮大户，其粮食单位面积产量一般要比小规模种植的农户低 20% 左右。主要原因是，种粮大户凭自己的能力管理不了较大的种植规模，必须雇用劳动力，而粮食生产的重要影响因素在于责任心，与利益直接相关，被雇用的劳动力普遍不会像管理自己种植的粮食作物那样尽心尽力管理种植大户的粮食作物。因此，从有利于提高粮食生产能力的角度来审视，对种粮大户的扶持应定位在鼓励其适度规模经营，即主要依靠自己家庭的劳动力所能够经营的种植面积，而不是鼓励种植面积越多越好。

第二，对种粮大户等新型经营主体的发展应防止急于求成。由于新型经营主体的发展受诸多因素制约，特别是受我国人多地少的基本国情制约，因而其是一个自然历史过程和经济社会发展过程，必须遵循其自身发展规律，因势利导，使其与城镇化进程和农村劳动力转移规模相适应，与农业基础条件改善和农业科技进步相适应，与农业社会化服务水平提高程度相适应，成为一个顺势而为、水到渠成的发展过程，而不应急于求成，更不应靠简单行政命令和层层考核对基层施加压力。否则，就容易出现形式主义和弄虚作假的现象，对新型经营主体和粮食生产发展有害而无益。

第三，应尽可能保持财政扶持政策的公平性。扶持政策向种粮大户等新型经营主体倾斜，有利于发展适度规模经营，提高粮食生产者的规模效益。但是，向新型经营主体倾斜，绝不应忽视"经营自家承包耕地的普通农户毕竟仍占大多数，这个情况在相当长的时期内还难以根本改变"（习近平，2013）的基本农情，把握好对新型经营主体扶持政策的倾斜度；特别是不应"抽瘦补肥"，通过削减一般种粮农户的补贴来增加对规模种植大户的补贴，对规模种植大户额外补贴应尽可能地通过增量资金予以安排。

（三）着力调动地方政府抓粮积极性

各级地方政府，特别是粮食主产区和产粮大县政府，是国家粮食扶持政策贯彻落实和粮食生产发展的具体领导者、组织者和实施者，因而，国家粮食扶持政策的完善，应有利于调动各级地方政府，特别是粮食主产区和产粮大县政府抓粮积极性。应按照公平合理的原则，构建对粮食主产区和产粮大县利益补偿机制，通过财政转移支付、对产粮大县实行奖补、粮食主销区缴纳粮食补偿基金，以及增加对粮食主产区和产粮大县农业生产基础条件建设投入等综合补偿补助，使产粮大县的人均财政支出达到全国平均水平，能够基本弥补其发展粮食生产的投入，满足其发展必需的社会事业和改善民生的基本需求，调动其发展粮食生产的积极性，以更好地发挥他们在实现国家粮食安全战略中的中坚支撑作用。在重视构建对粮食主产区和产粮大县利益补偿机制的同时，也应重视对非主产区（县）粮食扶持政策的完善，通过激励和约束手段相结合等措施，防止出现忽视和放松粮食生产的倾向，稳定和提高粮食自给率。

（四）着力保护耕地和稳定粮田面积

耕地是粮食生产最基本的自然资源。保护耕地，稳定粮食播种面积，是稳定和提高粮食综合生产能力的基本前提。2015 年 5 月，习近平总书记对耕地保护工作做出重要指示：我国人多地少的基本国情，决定了我们必须把关系十几亿人吃饭大事的耕地保护好，绝不能有闪失；要实行最严格的耕地保护制度，依法依规做好耕地占补平衡，规范有序推进农村土地流转，像保护大熊猫一样保护耕地。完善粮食扶持政策，必须加强对保护耕地和稳定粮田面积的政策支持力度。要加快完善耕地保护监督和惩罚机制，坚决防止耕地占补平衡中继续出现占多补少、占优补劣、占水田补旱地的现象。在农业结构调整中，应通过政策导向作用统筹粮食和其他作物协调发展，确保粮食播种面积在目前基础上保持基本稳定。

（五）着力加强农田基础条件建设

加快改变农田基础条件比较薄弱状况，提高粮食生产抗御自然灾害，特别是旱涝灾害的能力，是提高粮食综合生产能力的必然要求。因此，完善粮食扶持政策，应把如何提高农田基础建设水平作为其中的重要内容。

第一，应加大中低产田改造力度。中低产田通过改造，单产可以提高 20% 以上。《全国新增 1000 亿斤粮食生产能力规划（2009—2020 年）》提出，到 2020 年要完成 2000 万公顷的中低产田改造，完成这一规划将对提高粮食综合生产能力产生巨大长效作用。国家和地方财政应加大投入，确保这一任务的完成。

第二，应进一步加大对农田水利设施建设的投入，特别是应着力抓好大中型灌区及配套工程建设和大中型排管泵站更新改造，以及在科学论证的基础上，新建一批水源工程，并加强小型农田水利建设为主的田间工程建设和节水农业设施建设，努力在建设旱涝保收高产稳产粮田方面取得显著成效。

（六）着力增强科技支撑能力

受土地资源制约，我国靠增加粮食播种面积提高粮食总产量的空间非常有限，今后粮食增产的潜力除改善农田基础条件等方面之外，必须依靠增强科技支撑能力，提高单产。2004 年以来，虽然我国粮食单产不断增长，但现有水平与发达国家相比仍有一定差距。2014 年我国稻谷、玉米、小麦单产水平分别排在世界第 13 位、第 50 位和第 23 位。稻谷单产排在我国前面的 12 个国家的平均水平是 8166. 23 千克/公顷，比我国多 1553. 03 千克/公顷，高 19. 86%；玉米单产排在我国前面的 49 个国家的平均水平是 11098. 46 千克/公顷，比我国多 5289. 59 千克/公顷，高 91. 06%；小麦单产排在我国前面的 22 个国家的平均水平是 7060. 30 千克/公顷，比我国多 1816. 80 千克/公顷，高 34. 65%。只要我们在着力保护农民种粮积极性和加强农田基础设施建设等方面下功夫的同时，大力增强科技支撑能力，粮食单产潜力的挖掘还是很有大有可为的。因此，粮食扶持政策的完善应加大财政对农业科技投入力度，促进科技创新和粮食生产新技术、新方法的应用，鼓励和引导社会资本积极参与农业科技创新和农业技术推广应用，努力提高农业科技对粮食生产的贡献率。

（七）着力提高公共服务和社会化服务水平

长期以来，由于大量农村青壮年劳动力外出务工，农村劳动力整体素质下降，留守劳动力接受和应用新知识、新技术能力偏弱，而且这一现象在短期内难以有大的改变，这对提高粮食综合生产能力形成严重制约，进一步提高公共服务和社会化服务水平尤为必要和迫切。因此，完善粮食扶持政策，应有利于提高公共服务和社会化服务水平，尤其是应积极扶持粮食等农作物病虫害防治、农机化服务等专业组织发展，扩大其服务范围，提高其服务效果；促进公共服务体系建设，利用综合信息服务平台推进信息技术在粮食等农业生产中的推广和应用；促进基层农技服务队伍建设，充分调动基层农技推广机构和人员积极性。

此外，国务院在《关于建立健全粮食安全省长责任制的若干意见》中提出："通过政府购买服务等方式，支持具备条件的经营性服务组织承担粮食领域公共性服务。"这对于目前弥补劳动力不足、应对劳动力素质下降问题具有很强的针对性，应鼓励各地积极探索和创新方式方法，加快这一举措的落实。

（八）着力提高粮食生产风险保障水平

粮食生产成本高，生产周期长，受自然因素影响大，具有较高风险性。我国种粮农户，特别是近些年来新发展起来的新型规模经营主体，普遍存在抵御自然灾害能力不足的问题，一旦遭受不可抗拒的自然灾害，就会受到致命的打击。近几年来，国家和地方政府在粮食生产风险保障方面采取了一些有效措施，诸如实行农作物保险保费补贴、农产品目标价格制度试点等。但是，粮食生产抵御各种风险的长效机制尚未完全建立起来，现有保障措施距离粮食生产健康发展的需要还有较大差距。2014 年，全国小麦、玉米和水稻三大粮食作物的入保率分别为 49.30%、69.50% 和 68.70%，距离保险面积全覆盖尚有较大距离（陈洁，2015）。而且，目前粮食保险理赔的标准比较低，不足以弥补风险造成的基本损失。为继续保持粮食生产能力的稳定和提高，应尽快建立和完善风险长效保障机制。加快建立政府支持、多方参与、市场运作的农业贷款担保机构，为农民和新型经营主体提供贷款担保服务。加大粮食作物保险的政策支持力度和普及力度，力争尽快实现粮食作物保险全覆盖，并提高投保和理赔标准，增强农民发展粮食生产的抗风险能力。应适应粮食等农产品价格日趋市场化的新形势，进行农民种粮收入保障保险试点，探索经验，形成既有利于发挥市场机制调节作用，又有利于保障农民收入的新型保障机制。

（九）着力化解粮食库存

目前，国内粮食库存过高已成为影响粮价稳定、农民增收以及粮食可持续发展的突出问题，亟须加以解决。一方面，应加快完善粮食等重要农产品价格形成机制和收储政策，实行价补分离，为解决粮食库存过高提供治本之策。另一方面，国家可统筹权衡粮食库存费用、粮价稳定、农民增收、粮食可持续发展、惠农补贴总额、国家财力等综合因素，"两利相权取其重，两害相较取其轻"，对超过合理库存量的粮食改变"顺价销售"方式，实行按市场价格拍卖办法，由国家财政给予粮食收储企业合理补贴。同时，把握好粮食进口总量，严厉打击粮食走私行为。

（十）着力加强粮食扶持政策的法制化建设

目前，我国粮食及整个农业扶持政策的法制化建设相对滞后，因而，在实施粮食及整个农业扶持政策方面，不同程度地存在着扶持政策体系不完善、扶持选项和扶持投入弹性大、硬性约束不强、政策执行不够到位的现象。应该说，经过十多年来的实践和探索，我国在粮食及整个农业扶持政策方面积累了丰富的经验，总体上已经具备了使之法制化的条件。国家应在认真总结经验的基础上，加快粮食扶持政策的法制化建设，把涉及粮食及整个农业扶持政策的主要方面，诸如各级财政惠粮惠农投入占国内生产总值或占财政支出的比重、惠粮惠农项目的种类、政策执行机构的职责范围、违反相关法律法规应承担的责任等用法律的形式确定下来，提高实施粮食及整个农业扶持政策的刚性约束力，为确保国家粮食长期安全提供应有的法律保障。

第七章附表：

附表 7 - 1　1985—2014 年我国城乡居民畜产品消费（户内）

单位：千克/人

年份	城镇			农村		
	肉类	蛋类	奶	肉类	蛋类	奶
1985	24.0	8.8	6.4	12.0	2.1	0.8
1986	25.3	7.1	4.7	12.9	2.1	1.4
1987	25.4	6.6	0.0	12.9	2.3	1.1
1988	23.7	6.9	0.0	12.1	2.3	1.1
1989	23.9	7.1	4.2	12.3	2.4	1.0

年份	城镇			农村		
	肉类	蛋类	奶	肉类	蛋类	奶
1990	25.2	7.3	4.6	12.6	2.4	1.1
1991	26.6	8.3	4.7	13.5	2.7	1.3
1992	26.5	9.5	5.5	13.4	2.9	1.5
1993	26.0	8.9	5.4	13.3	2.9	0.9
1994	24.3	9.7	5.3	12.6	3.0	0.7
1995	25.4	9.7	4.6	13.1	3.2	0.6
1996	25.8	9.6	4.8	14.9	3.4	0.8
1997	25.5	11.1	5.1	15.2	4.1	1.0
1998	25.5	10.2	6.2	15.5	4.1	0.9
1999	26.7	10.9	7.9	16.4	4.3	1.0
2000	27.4	11.2	9.9	17.2	4.8	1.1
2001	26.5	10.4	11.9	17.5	4.7	1.2
2002	32.5	10.6	15.7	17.8	4.7	1.2
2003	32.9	11.2	18.6	18.3	4.8	1.7
2004	29.3	10.4	18.8	17.9	4.6	2.0
2005	32.9	10.4	17.9	20.8	4.7	2.9
2006	32.1	10.4	18.3	20.6	5.0	3.1
2007	31.8	10.3	17.8	18.8	4.7	3.5
2008	31.2	10.7	15.2	18.3	5.4	3.4
2009	34.7	10.6	14.9	19.6	5.3	3.6
2010	34.7	10.0	14.0	20.0	5.1	3.6
2011	34.0	10.1	13.7	20.8	5.4	5.2
2012	35.7	10.5	14.0	20.9	5.9	5.3
2013	31.8	9.4	17.1	26.8	7.0	5.7
2014	45.0	9.1	18.1	27.4	7.2	6.4

注：统计口径为户内消费；肉类包括猪、牛、羊、禽肉。

资料来源：《中国统计年鉴》（历年）和《中国农村统计年鉴》（历年）。

附表 7 - 2　　　　　2004—2014 年我国粮食生产成本　单位：元/100 千克

年份	总成本	化肥费	机械作业费	人工成本
稻谷				
2004	100.83	16.15	7.25	38.02
2005	114.46	19.75	9.64	42.82
2006	118.78	19.29	11.79	42.71
2007	123.31	19.87	13.75	43.17
2008	143.28	26.72	17.62	46.24
2009	147.71	23.40	18.97	49.04
2010	171.22	23.67	23.42	59.54
2011	193.13	26.73	26.92	70.61
2012	220.39	27.90	30.73	89.11
2013	244.05	27.73	33.89	103.74
2014	242.60	24.92	35.16	103.24
玉米				
2004	88.69	17.61	4.45	33.17
2005	92.83	19.16	5.39	35.11
2006	97.23	20.12	6.84	35.40
2007	106.46	20.94	8.13	37.83
2008	114.49	26.38	9.43	38.71
2009	128.18	25.37	11.00	44.80
2010	139.72	23.94	12.84	51.93
2011	161.83	27.43	14.85	62.57
2012	187.64	28.99	17.10	80.89
2013	207.38	29.13	19.53	93.31
2014	212.87	26.11	21.03	94.98
小麦				
2004	104.74	19.69	12.72	32.91
2005	119.59	26.64	15.01	37.24
2006	115.06	25.87	17.00	34.00
2007	121.87	26.27	18.65	34.65
2008	128.39	28.55	21.12	34.30

年份	总成本	化肥费	机械作业费	人工成本
2009	149.97	35.81	21.89	38.52
2010	167.19	32.02	24.82	48.33
2011	183.03	33.70	25.80	57.99
2012	216.96	40.18	29.28	76.13
2013	244.37	41.94	31.96	91.84
2014	225.49	34.09	29.58	85.22

资料来源:《全国农产品成本收益资料汇编》（历年）。

附表7-3　　　稻谷单产居世界排名前30位的国家/地区

国家/地区	播种面积（公顷）	总产量（吨）	单位面积产量（千克/公顷）
澳大利亚	75000	819000	10920.00
埃及	629600	6000000	9529.86
希腊	30300	269400	8891.09
美国	1181290	10025980	8487.31
乌拉圭	167400	1348300	8054.36
西班牙	110000	863600	7850.91
乌兹别克斯坦	46000	350500	7619.57
秘鲁	380707	2874654	7550.83
摩洛哥	4400	33050	7511.36
土耳其	110880	830000	7485.57
塔吉克斯坦	11107	79757	7180.79
韩国	815506	5637682	6913.11
中国	30600000	206507400	6748.61
巴拉圭	120000	804000	6700.00
日本	1575000	10549000	6697.78
阿根廷	243200	1581810	6504.15
中国台湾	271051	1732210	6390.72
意大利	219500	1386100	6314.81
智利	22398	134884	6022.14
洪都拉斯	8300	49700	5987.95

续表

国家/地区	播种面积（公顷）	总产量（吨）	单位面积产量（千克/公顷）
马其顿	5174	30500	5894.86
萨尔瓦多	7099	41838	5893.51
越南	7816476	44974206	5753.77
墨西哥	40642	232159	5712.29
葡萄牙	28400	162100	5707.75
卢旺达	16000	90000	5625.00
科特迪瓦	376710	2053520	5451.20
俄罗斯联邦	195552	1048566	5362.08
朝鲜	500000	2626000	5252.00
巴西	2340878	12175602	5201.30

注：FAO 公布的数据与我国国家统计局公布的我国粮食生产统计数据略有差异。

资料来源：FAOSTATA。

附表 7-4　　玉米单产居世界排名前 30 位的国家/地区

国家/地区	播种面积（公顷）	总产量（吨）	单位面积产量（千克/公顷）
阿联酋	20	750	37500.00
以色列	4798	163601	34097.75
科威特	1564	48098	30753.20
阿尔及利亚	983	25720	26164.80
圣文森特和格林纳丁斯	35	857	24485.71
约旦	585	9467	16182.91
荷兰	12594	173066	13741.94
卡塔尔	100	1280	12800.00
塔吉克斯坦	14613	186321	12750.36
希腊	181400	2169900	11961.96
西班牙	417500	4692000	11238.32
新西兰	21582	237165	10989.02
澳大利亚	216316	2334385	10791.55
美国	33644310	3.61E+08	10732.61
德国	481300	5142100	10683.77

国家/地区	播种面积（公顷）	总产量（吨）	单位面积产量（千克/公顷）
意大利	869947	9239545	10620.81
比利时	63100	662700	10502.38
智利	117418	1186127	10101.75
乌兹别克斯坦	38000	368000	9684.21
加拿大	1226600	11486800	9364.75
留尼旺	1710	15720	9192.98
斯洛文尼亚	38331	350693	9149.07
土耳其	655663	5950000	9074.78
毛里求斯	69	625	9057.97
马来西亚	9736	86643	8899.24
瑞士	15713	138474	8812.70
葡萄牙	110600	933100	8436.71
捷克	98749	832235	8427.78
斯洛伐克	216186	1814113	8391.45
克罗地亚	252567	2046966	8104.65

注：FAO公布的数据与我国国家统计局公布的我国粮食生产统计数据略有差异。

资料来源：FAOSTATA。

附表7-5　　小麦单产居世界排名前30位的国家/地区

国家/地区	播种面积（公顷）	总产量（吨）	单位面积产量（千克/公顷）
爱尔兰	71600	717000	10013.97
比利时	211900	1994600	9412.93
荷兰	142212	1304054	9169.79
德国	3219700	27784700	8629.59
新西兰	47931	413497	8626.92
英国	1936000	16621000	8585.23
阿拉伯	4	30	7500.00
丹麦	662100	4940000	7461.11
法国	5296718	38966600	7356.74
赞比亚	28159	201504	7155.94

续表

国家/地区	播种面积（公顷）	总产量（吨）	单位面积产量（千克/公顷）
瑞典	453480	3086400	6806.03
纳米比亚	1500	10000	6666.67
埃及	1425060	9279804	6511.87
捷克	835941	5442349	6510.45
瑞士	88350	550826	6234.59
卢森堡	12665	77943	6154.20
澳大利亚	304645	1804018	5921.71
斯洛伐克	379283	2072405	5464.01
马耳他	3010	16230	5392.03
智利	254857	1358128	5328.98
斯洛文尼亚	33124	173245	5230.20
墨西哥	706611	3669814	5193.54
中国	25000000	126208400	5048.34
波兰	2338782	11628670	4972.11
挪威	79062	379100	4794.97
乌兹别克斯坦	1454600	6956000	4782.07
匈牙利	1112730	5261890	4728.81
立陶宛	708000	3230600	4562.99
马里	10281	45668	4441.98
沙特阿拉伯	115000	500000	4347.83

注：FAO公布的数据与我国国家统计局公布的我国粮食生产统计数据略有差异。

资料来源：FAOSTATA。

附录 调研报告

山东省平度市粮食生产情况调查

一 基本市情

平度市位于山东省胶东半岛西部，是山东省面积最大的县级市；位于中国经济强劲增长的环渤海湾经济圈、山东半岛制造业中心地带，是连接青岛、潍坊、烟台三大城市的"枢纽"，胶东半岛制造业中心、青岛经济发展的潜力之都，被誉为青岛的"后花园"。平度市面积 3176 平方公里，耕地面积 277 万亩，户籍人口 139 万人，其中乡村人口 123 万人；全市总户数 42 万户，其中乡村户数 38 万户。辖 18 个镇（街道、开发区），1788 个行政村。平度市中心距青岛港 100 公里，距青岛机场 80 公里，距铁路（兰村站）50 公里。潍莱高速、206 国道、804 省道横贯东西，三城、平日、诸朱公路纵贯南北，具有明显的交通区位优势。

平度市气候属暖温带东亚半湿润季风区大陆性气候，境内气候四季分明，春季干旱多风，夏季高温多雨，秋季秋高气爽，冬季寒冷干燥。年平均气温 12℃，无霜期 196 天，日照时数约 2700 小时，年平均降水量 680 毫米。平度市拥有黄金、石墨、铁、花岗石、大理石、滑石、萤石、石灰石及透辉岩等 20 多种矿藏，矿产资源总量占整个青岛市的 70% 以上；其中，石墨资源最为丰富，是我国优质石墨重点产区之一。黄金的储量和产量在全国总量中占相当的比重，是我国重点产金县市之一。

改革开放以来，特别是最近十年，平度市经济和社会取得显著发展。2014 年，平度市生产总值 845.50 亿元，比 2004 年增长 3.01 倍，其中，第一产业增加值 102.20 亿元，比 2004 年增长 1.45 倍，第二产业增加值 413.80 亿元，比 2004 年增长 3.40 倍，第三产业增加值 329.50 亿元，比 2004 年增长 3.37 倍；工业总产值 1907.00 亿元，比 2004 年增长 5.21 倍，实现利税 201.5 亿元，比 2004 年增长 16.50 倍；完成固定资产投资 583.20 亿元，比 2004 年增长 5.48 倍，全年固定资产投资施工项目 724 个，计划总投资 771.70 亿元，亿元以上新开工项目 46 个；实现全社会消费品零售额 306.10 亿元，比 2004 年增长 3.43 倍；当年合同外资额 6.64 亿美元，实际利用外资额 5.54 亿美元，分别比 2004 年增长 13835.46 倍和 20512.33 倍；全年实现进出口总值 19.50 亿美元，比 2004 年增长 2.56 倍，其中，出口总值 14.80 亿美元，比 2004 年增长 2.99 倍；实现地方财政收入 49.40 亿元，比 2004 年增长 6.65 倍，财政支出 79.31 亿元，比 2004 年增长 6.64 倍；年末金融存款余额 473.20 亿元，比 2004 年增长 3.99 倍；金融贷款余额 253.00 亿元，比 2004 年增长 3.36 倍；城镇居民人均可支配收入 3.03 万元，比 2004 年增长 2.36 倍；农民人均纯收入 1.69 万元，比 2004 年增长 2.47 倍。同时，科技、教育、文化、城乡建设、环境保护、社会保障等方面也都有了突破性发展。

二　2004 年以来粮食生产发展方面实施的扶持政策及效果

平度市是山东省第一产粮大县。2004 年以来，平度市认真贯彻落实中央关于发展粮食生产的各项政策与措施，积极争取国家和上级省市的政策支持，并尽可能地加大地方财政的支持力度。2004 年以来，平度市通过实施一系列扶持粮食生产发展的政策和措施，粮食生产发展取得了显著成效。2014 年，全市粮食总产量达到 14.43 亿公斤，比 2003 年增加 5.47 亿公斤，增长 61.5%。连续十一年被农业部评为全国粮食生产先进县，2008 年获得全国粮食生产先进县标兵称号，2011 年获得国务院表彰的"全国粮食生产先进单位"称号。

我国粮食补贴政策效果评价及政策优化研究

（一）认真落实国家"四补贴"政策，保护和调动农民种粮积极性

平度市对 2004 年以来国家相继实施的种粮农民直接补贴、农资综合补贴、良种补贴、农机具购置补贴（包括国家对青岛市实行的农机报废更新补贴）等政策，通过阳光透明的操作，不折不扣地予以落实。为了使国家的粮食补贴政策做到家喻户晓，深入人心，平度市强化惠农政策宣传，不断创新宣传方式，广泛利用电视、报纸、广播、公示栏、明白纸等形式，加大对粮食补贴政策的宣传，增强政策透明度。对粮食补贴资金实行严格的补贴资金专户管理、财务公开、村级公示、档案管理等管理制度，强化补贴资金监管，并充分利用"金财工程"平台，将种粮农民的姓名、身份证号、涉农补贴一本通账号、粮食种植面积等信息录入涉农补贴一本通信息系统，直接将粮食补贴资金拨付到种粮农户的银行账户中，保证了粮食补贴政策安全、便捷、高效得到落实。2014 年，平度市共发放种农民直接补贴 2563 万元（每亩 16 元），农资综合补贴 17622 万元，良种补贴 3558 万元（小麦、玉米每亩 10 元），农机具购置补贴 5000 万元。同时，平度市还对符合条件的种粮大户进行奖励，2014 年共对 119 个种粮大户发放奖补资金 147.35 万元。

"四补贴"政策的落实，有效保护和调动了农民种粮积极性，提高了粮食综合生产能力。一是粮食播种面积增加。平度市在工业化、城镇化和交通建设用地增加及农村产业结构调整大背景下，2014 年粮食播种面积为 300.72 万亩，比 2003 年增加了 104.82 万亩。二是良种覆盖率提高。多年来，小麦、玉米等主要粮食作物的良种覆盖率都达到 100%。三是农机化程度提高。2014 年年末，全市拥有农业机械总动力 323.50 万千瓦，农业机械化率超过 96%，比 2003 年提高了 21 个百分点。其中，小麦生产全部实现了全程机械化，玉米机收率达到 96%，秸秆还田率达到 91%。

（二）以出色的工作争取国家与青岛市涉农项目和惠农资金，为扶持粮食生产发展提供财力支持

多年来，平度市以卓有成效的粮食生产基础建设和工作努力，

争取到国家与青岛市诸多涉农项目和惠农资金。其中，2008年被农业部列为"高产创建示范县"，2011年成为全国首批"整建制粮食高产创建示范县"，2013年被农业部确定为粮食增产模式攻关试点县，2009年成为全国第一批为期三年的小型农田水利重点县，2014年又成功申报为全国第六批小型农田水利重点县，2011—2014年，连续四年争取到全国新增千亿斤粮食项目，2013年被认定为国家现代农业示范区农业改革与建设试点，成为全国计划单列市中唯一入围的市（县、区）。以上争取到的惠农项目共获得国家和青岛市扶持资金8.70亿元。平度市利用各种惠农资金，大力进行农业基础设施建设，兴修水利，开展粮食高产创建活动，改造中低产田，治理水土流失。到2014年，全市总灌溉面积达到182.64万亩，比2003年增加9.69万亩，其中节水灌溉面积达到130.00万亩，比2003年增加100万亩，累计改造中低产田10万多亩，治理水土流失面积20多万亩。各种惠农项目的实施，有效改善了粮食生产条件，提高了粮食产量，节约了生产成本，实际上这使农民种粮获得了为数不少的间接补贴。

（三）实施应用农业科技补助和奖励政策，调动农民应用农业科技的积极性

一是对粮食生产创建示范活动参与者给予补助。为了深入开展粮食高产创建活动，平度市大力开展了粮食高产示范片建设，对在粮食高产示范片规划中的农户及新型经营主体，给予农业科技应用补贴。以物化补贴的方式进行统一供应良种，百亩示范方的肥料、农药等农资统一免费发放给示范户。2013年，平度市投入35万元，通过政府招标采购了70多台小麦宽幅精量播种机，免费提供给高产创建镇农户及新型经营主体使用。在每个万亩示范片中落实宽幅精播千亩方一个，免费耕播，成方连片百亩以上的每亩补助复合肥20公斤，生物菌肥10公斤。示范补助的实行有效地促进了示范片的成功建设。2013年，全市36个粮食万亩示范片已通过青岛市验收。2014年，平度市创建的十亩高产攻关示范田小麦、玉米一年两季平均亩产达到1856.0公斤；千亩示范方两季亩产达到1585.30公斤；

20 万亩规模大方两季亩产达到 1271.80 公斤。示范活动的开展对全市粮食生产的发展起到了强有力的辐射带动效应。

二是对粮食高产竞赛活动优胜者种植户和乡镇（街道）农技人员进行奖励。平度市从 2011 年开始，在全市范围内开展了粮食高产竞赛活动。具体规定是：小麦、玉米 5 亩以上，根据市级测定结果，报名参与的农户由高到低确定获奖名单，前 5 名为一等奖，6—15 名为二等奖，16—35 名为三等奖。对获得一、二、三等奖的农户分别奖励优质专用肥 600 公斤、500 公斤和 400 公斤，并对获奖乡镇（街道）农技人员给予交通和食宿等补贴 3000 元、2500 元和 2000 元。

三是对测土配方施肥给予支持。平度市 2006 年开始承担农业部和青岛市两级测土配方施肥补贴项目，至 2014 年，累计获得中央和青岛市财政专项经费 650 万元。为了大力普及推广这一有效的增产节支技术，平度市充分利用这一专项经费，进行采样检测，建立数据库，与青岛农业大学联合开发了"平度市土壤养分管理与施肥信息系统"。该系统覆盖全市 1788 个村、210 万亩耕地的土壤地力信息，农户可通过该系统得到适合自家承包土地的施肥配方，并在部分乡镇（街道）设定了配方肥直供点，在部分村庄设立了配方施肥服务部，采取区域供应的形式，建立起了市、乡镇（街道）、村三级配方肥推广网络，开展试验示范活动。2009—2014 年，全市累计推广测土配方施肥面积 720 万亩。

四是以良种补助为平台引进推广粮食新品种。多年来，平度市先后引进示范小麦、玉米品种 100 多种，筛选了 18 种主推品种进行推广种植。

五是对深松耕地技术予以补助。深松的主要作用是疏松土壤，打破犁底层，增强降水入渗速度和数量；作业后的耕层土壤不乱，动土量少，减少了由于翻耕后裸露土壤水分蒸发损失，是一项有效的增产技术。自 2013 年开始，平度市开展对深松耕地实行补助，由市财政每亩补助 25 元。到 2014 年，全市已累计投入这一专项补助 195 万元，深松耕地 7.80 万亩。

六是对小麦"一喷三防"补助。小麦"一喷三防"即在小麦生长期使用杀虫剂、杀菌剂、植物生长调节剂、叶面肥、微肥等混配剂喷雾，达到防病虫害、防干热风、防倒伏，增粒增重，确保小麦增产的一项关键技术措施。自2012年开始，平度市利用国家财政专项资金，实行物资统一采购，统一发放到户，万亩示范片全部统一喷防，做到"一喷三防"全覆盖。通过实施应用农业科技补助和奖励政策，调动了农民应用农业科技的积极性，粮食生产良种良法应用率达到100%，有效提高了农业科技对粮食生产发展的支撑能力。

（四）实行政策性农业保险补贴，调动农民参入农业保险的积极性

政策性农业保险是以保险公司市场化经营为依托，政府通过保费补贴等政策，对种植业、养殖业因遭受自然灾害和意外事故造成经济损失提供的直接物化成本保险。多年来，平度市按照各级财政合计补贴80%、农民负担20%的要求，积极推动这一政策的实施，使粮食作物入保面积不断扩大。2014年，全市粮食作物入保面积达到225万亩，入保金额1125万元，理赔面积6万余亩，理赔金额760万元。

三 关于完善粮食生产扶持政策的几点建议

从对平度市调查的情况来看，国家和各级地方政府实行的一系列扶持粮食生产的政策措施，对粮食生产能力提高起到了显著的促进作用。未来要继续保持粮食生产能力的稳定和提高，仍然要依靠政策来调动农民种粮和地方政府抓粮积极性。根据调查的情况，对完善粮食生产扶持政策提出如下建议：

（一）保持政策稳定性和连续性

山东省为了发挥种粮大户的示范带动效应，促进粮食生产规模化和粮食生产方式的转变，提高粮食生产综合效率，2012年出台了对种粮大户补贴试点政策，对粮食种植面积300亩以上的纳入2012年种粮大户补贴范围。其中，粮食种植面积在4000亩以上的，每户给予定额补贴100万元；粮食种植面积4000亩以下的，每亩给予补

贴 230 元。这一试点政策实施之后，不少种粮大户误以为这一试点补贴标准将长期不变，因而不惜提高土地流转价格，尽可能地增加土地流转面积。当年，土壤条件好的地块每亩流转费用达到 1000 斤小麦或 1200 元左右。2013 年和 2014 年，山东省对这一试点政策连续进行了两次调整。2013 年，调整为 1000 亩以下的每亩补贴 100元，1000 亩及以上的每户定额补助 10 万元；而且，2012 年已支持过的种粮大户不再支持。2014 年，调整为 500 亩以下的每亩补助 40元，500 亩以上的每户定额补贴 2 万元；而且，以前年度已支持过的种粮大户不再支持。在 2012 年试点政策激励下，出现了一些过多增加土地经营面积的种粮大户；2013 年和 2014 年试点政策调整以后，其中相当一部分出现了严重亏损和难以为继的现象，有的把流入的土地又退给了原承包户，有的因承包户不同意退也退不回去，不得已在强撑着，甚至有个别的已经"跑路"了。应当肯定，山东省 2012 年出台的试点政策的出发点无疑是很好的，而且试点本身就是探索性的，随着试点工作的开展对试点政策进行完善和调整也是必然的，但是，从该项政策试点的实际情况看，出台试点政策时应尽可能地考虑到政策的导向性，并尽可能地保持政策实施的相对稳定性，避免因大幅调整而给种粮大户造成被动。

（二）把握对规模经营的扶持导向

从近几年实践看，粮食种植规模过大的种粮大户，其粮食单产水平一般要比小规模种植的农户低 20% 左右。主要原因是，种粮大户仅凭自己的能力管理不了较大的种植规模，需要雇用劳动力，而影响粮食生产非常重要的两点因素：一是责任心，二是利益直接相关。然而，被雇用的劳动力通常不会像管理自己种植的粮食作物那样尽心管理种植大户的粮食作物。因此，从有利于提高粮食生产能力的角度来审视，对种粮大户的扶持应定位在鼓励其适度规模经营，即主要依靠自己家庭的劳动力所能够经营的种植面积，而不是鼓励种植面积越多越好。

（三）保持财政扶持政策的公平性

扶持政策向新型经营主体倾斜有利于发展适度规模经营，提高粮食生产者的规模效益,进而提高粮食生产者的种粮积极性。但是,对新型经营主体扶持政策的倾斜一定要适度,并尽可能地从增量资金中安排适度的比例对规模种植予以扶持,而不应"抽瘦补肥",不应削减一般农户的补贴以增加对规模种植的补贴。

（四）对新型经营主体发展要防止急于求成

对种粮大户、家庭农场等新型经营主体的发展给予相应的鼓励和扶持政策是必要的。但是,新型经营主体的发展受诸多因素制约,特别是受我国人多地少的基本国情制约,因而其是一个自然历史过程和经济社会发展过程,必须遵循其自身发展规律,因势利导,使其与城镇化进程和农村劳动力转移规模相适应,与农业基础条件改善和农业科技进步相适应,与农业社会化服务水平提高程度相适应,成为一个顺势而为、水到渠成的发展过程,而不应急于求成,更不应靠简单的行政命令和层层考核对基层施加压力。否则,就容易出现形式主义和弄虚作假的现象,对新型经营主体和粮食生产的发展有害而无益。

黑龙江省肇东市粮食生产情况调查

一 基本市情

肇东市位于黑龙江省西南部,松嫩平原中部。南距"冰城"哈尔滨53公里,北距"油城"大庆74公里,是哈尔滨—大庆—齐齐哈尔经济带的一个重要节点城市,处于哈大齐工业走廊中轴位置,扩展延伸可辐射东北三省、俄罗斯及东北亚地区。现已成为哈尔滨都市圈经济核心区。肇东市是周边6个市（县、区）的交通枢纽和人流物流中心。滨洲铁路、哈大高速公路、绥满公路、绥肇公路纵横贯穿全境。松花江流经境内68公里。肇东距哈尔滨太平国际机场仅40分钟车程。水陆空交通快捷便利。

肇东市面积4332平方公里。全市总人口93万人,其中,城区人口30万人,农村人口63万人。全市设有4个城区办事处、33个社区居委会、22 个乡镇、186 个行政村。肇东市地处我国少有的"寒地黑土"绿色农业区。全市现有耕地 410 万亩、草原 150 万亩、林地 100 万亩、水面 20 万亩。具有农牧资源丰富的先天优势，盛产玉米、水稻、谷子等多种粮食作物，以及白菜、大葱、马铃薯、胡萝卜、甘草、烤烟、瓜菜等经济作物，也是黑龙江省奶牛、肉牛、生猪、家禽、水产品的主要养殖区。肇东市油气资源也比较丰富，已探明地下石油储量达 2 亿吨，天然气储量 4 亿立方米。

改革开放以来，肇东市经济发展取得长足进步。2013 年，肇东市生产总值 499.42 亿元，其中，第一产业增加值 98.77 亿元，第二产业增加值 219.72 亿元，第三产业增加值 180.92 亿元；农林牧渔业总产值 162.80 亿元；固定资产投资 157.99 亿元；公共财政收入 18.36 亿元；城区居民人均可支配收入 1.91 万元，农村居民人均纯收入 1.09 万元。各项主要经济指标均居全省前列。在第十四届全国县域经济基本竞争力评比中列第 79 位。肇东市是首批国家可持续发展先进示范区；国家现代农业示范区改革与建设试点县；中国玉米开发利用之乡；国家新型工业化产业示范基地；全国粮食生产先进县标兵；中国乳业之乡；全国文化先进市；全国畜牧百强县；全国科普示范县；中国民间文化艺术之乡；中国"雷锋城"；全国和谐社区建设示范市。

二 2004 年以来在粮食生产方面采取的主要措施

新中国成立以来，肇东市一直重视发展粮食生产。党的十一届三中全会以后，农村实行的一系列改革措施有效地调动了农民种粮和政府抓粮的积极性，肇东市成为黑龙江省著名的产粮大县，并多年位居黑龙江省产粮大县第一位。20 世纪 90 年代末，全市粮食总产量由 20 世纪 90 年代初期的 11 亿公斤提高到 15 亿公斤。同当时全国总体形势一样，肇东市经过连续几年粮食高产，粮价开始下跌，粮食比较效益下滑。2000 年之后，肇东市的粮食播种面积开始减少，再加上自然灾害的影响，粮食总产量大幅度下降。到 2003 年，肇东市的粮食总产量为 10 亿公斤，比 20 世纪 90 年代末期减产 5 亿公斤，减产幅度 30% 以上。同时，粮食综合生产能力呈现出整体下降趋势。

一是粮食播种面积减少。由于粮价低迷，部分农户减少粮食播种面积，增加经济效益相对较高的经济作物。到 2003 年，肇东市的粮食播种面积由 20 世纪 90 年代末期的 260 万亩减少到不足 240 万亩，减少了 20 多万亩。

二是土地质量下降。由于种粮收入偏低，农民进城务工逐年增多，粗耕粗种现象大量存在，有机肥施用量明显减少，导致土壤肥力下降。20 世纪 90 年代中期，肇东市的土壤有机质含量平均在 3% 以上，到 2003 年下降到 2% 左右。

三是水利工程设施老化、失修现象严重。肇东市虽然一直没有忽视水利设施建设，灌溉面积也逐年增加，但 20 世纪七八十年代兴建的几个灌区配套渠系构造物普遍到了报废期限，而且损害严重，有的根本无法发挥作用，有的存在严重跑、冒、滴、漏现象，抗御自然灾害特别是旱灾的能力较弱。

四是科技服务能力不足。市级和乡镇农业科技推广服务体系不健全，人员和经费严重不足。市财政每年拨给农技推广机构的经费仅能维持人员工资和日常的事务性支出，能够用于开展技术推广工作的经费很少。

针对全国粮食产量下滑，粮食综合生产能力下降趋势，2004 年以来，党和国家相继出台一系列扶持粮食生产与整个"三农"的政策和措施。肇东市根据党中央、国务院及黑龙江省、绥化市的要求，十余年来，采取了一系列卓有成效的政策和措施，大力发展粮食生产，并致力于提高粮食综合生产能力。

（一）高度重视粮食生产发展

肇东市在"十一五"、"十二五"国民经济和社会发展规划及《肇东市国家现代农业示范区建设规划》中，均明确提出要把本市建成粮食大市，建成现代农业高产核心区、功能示范区和科技样板区，提升粮食综合生产能力，并提出了具体的目标和措施。多年来，肇东市坚持做到重粮抓粮的干劲不松懈，增粮稳粮的措施不减少，建设国家可靠大粮仓的目标不动摇，为国家粮食安全做贡献的信念不改变，从实际情况出发制定发展粮食生产的规划和措施，引导农民创新经营机制，推动适度规模经营，让每项抓粮食生产的措施落到实处。肇东市还对薄弱户和劳务输出户开展了走村入户访问帮扶活动，努力缩小户与户之间在粮食产量与品质上的差距，最大限度地挖掘粮食增产潜力。

（二）认真落实国家粮食补贴政策

肇东市一方面组织干部走千家，访万户，让党的强农惠农政策家喻户晓；另一方面组织力量核实耕地面积，发放存折，检查补贴标准，把各项补贴资金以"一卡通"形式直接兑现到户。肇东市还在严格落实农业保险政策的基础上，采取"增一补一"鼓励措施，使理赔额度达到生产投入成本标准。"增一补一"主要是基于农业保险理赔额度（玉米绝产地块每亩赔偿145元，水稻绝产地块每亩赔偿200元）远低于农民生产成本的投入。为确保农业生产在较大自然灾害之后经营主体能够有足够的生产启动资金，肇东市实施了"经营主体增投一元、财政补贴一元"的农业保险鼓励措施，进而使农业保险额度达到每亩450—500元的成本线。为了保证党和国家扶持粮食生产的每一项补贴政策真正落到实处，肇东市加强了监督检查。例如，2013年3月，由市政府组织，审计局牵头，监察局、检察院、公安局、农业局等部门参加，组成4个审计调查组，对全市33个农机合作社进行了包括查看国拨资金数量、自筹资金数量、有无利用不正当或非法手段套取国拨资金或国拨资金落入个人手中的问题等"八查八看"的审计调查，共清查各类农机、配套农具1187台（套），审计资金4亿多元。

（三）加强农业基础设施建设

肇东市大力实施重点项目牵动战略，建立农业基础设施装备体系，着力推进农业机械化、水利化、生态化进程。不断加大投入，扩大旱涝保收高标准农田面积，实施涝州泵站更新改造工程，推进小型农田水利建设重点县工程建设，增加机电井和喷灌设备配备数量。同时，"十二五"期间，肇东市在国家现代农业示范园建设中投资5700万元用于土壤肥力建设，通过建设有机肥无害化处理设施，使无公害有机肥年产量达到每年 60 万吨以上，有机肥应用面积达到每年 40 万亩以上。

（四）稳步推进适度规模经营

肇东市积极推进土地流转机制创新，探索多种形式土地股份合作制，鼓励农村能人、农业专业大户、龙头企业、农业专业合作社等多种主体参与土地流转，发展规模经营，建设玉米吨粮田产业带、优质稻田产业带、设施农业产业带发展基地，并投资 186 万元建设土地流转交易中心。为推动规模经营发展，肇东市制定出台了"四入一保两补"的土地流转政策。"四入"，即土地入托（托管中心）、入社（合作社）、入场（家庭农场）、入市（土地交易中心）。"一保"，即建立健全农民土地确权、土地流转和土地纠纷仲裁等保护性制度，进一步明晰农村土地所有权、承包权和经营权，确保农民土地依法、合规、自愿、有序流转。"两补"，即对规模经营面积在 1000 亩以上的新型经营主体，实施土地流转补贴和农资补贴。肇东市还投入 2000 万元作为融资担保专项资金注入担保公司，以 1∶20 比例放大，为新型经营主体提供贷款担保抵押。扩大农业保险覆盖，新型经营主体规模经营地块全部纳入农业保险。到 2014 年，肇东市培育、引进农业企业、家庭农场、专业大户、农民专业合作社等新型经营主体 1.5 万多个，土地规模经营面积发展到近 300 万亩。

（五）加强农业科技服务体系和社会化服务体系建设

肇东市实行科研、推广、服务同步推进，市财政每年投入 370 万元用于市、乡、村"三位一体"的科技服务网络建设。肇东市充分利用科技服务网络，推广高产新技术，培训专业农民，举办集中辅导、田间博览、现场观摩等，并选送高产创建核心区示范户到农业高等院校和农业科研院所进行高端培训。加强了农业标准化体系建设，建立健全农产品标准化生产体系、质量检测体系和动植物防疫体系。建立农业生产灾害检测预警系统和农用天气预报系统，提高农业防灾减灾、趋利避害能力。加强农资供应体系建设，保障农资供应。同时，大力推进社会化服务体系建设。在全省率先投入运营农村合作金融公司、农村租赁金融公司，形成质押、担保等创新模式，开发出30余个信贷新产品。承担了全省唯一一个"参保入股合作"试点，探索出了"有险理赔、无险分红"的种植业保险新途径。启动实施了公益性与经营性相结合的科技服务体系改革，市、乡、村三级农技推广机构和服务功能进一步健全完善，在全国率先开启科技"双轨制"新机制，试点建设了10余个农业科技服务公司和10余个专业化防控公司。

（六）大力发展粮食加工业和农产品经营品牌化

肇东市加强对粮食等农产品加工转化企业的引进、培育和扶持，推动粮食就地转化增值，延长产业链，增加种粮农民收入，以此带动粮食生产的发展。目前，肇东市的粮食加工转化能力已经达到170万吨以上，不仅能够完全消化当地的粮食，而且带动了周边地区的粮食生产。为了加强粮食加工转化企业与粮食生产者的利益联系，肇东市积极发展订单农业，既能够让农民放心种粮，又能够保持农民的收入稳定。为此，肇东市制定出台了"订单保险＋价格平衡调节"双保险运行机制，在合作社等新型经营主体和加工、收储企业向保险公司提供风险抵押物后，若订单履约不到位，保险公司即可扣押违约方抵押财产，并负责向被违约方理赔。充分发挥农产品风险平衡调节基金作用，当粮食等农产品市场出现较大波动，市场价格大幅低于订单价格时，运用调控基金对合作社等新型经营主体进行价格补贴；当市场价格大幅高于订单价格时，对收购企业进行价格补贴。利用财政引导性资金，对粮食深加工企业进行重点扶持，帮助企业和合作社等新型经营主体规避市场风险，提高订单履约率和到位率。同时，通过建立粮食"期权"收储机制，中粮集团、中储粮公司收购合作社等新型经营主体粮食，先按现行价格支付，如果粮价上涨，支付企业保管、晾晒等费用后，进行找补；也可以在市场价格达到心理价位后再兑现粮款，实现"淡旺季平衡"，避免"谷贱伤农"。目前，肇东市粮食订单生产面积已经达到200万亩以上。同时，肇东市抓住全省重点建设绿色食品产业基地的契机，创建特色农产品品牌，树名优农产品形象，依靠品牌提升农产品经营利润，引导农民与市场对接，促进知名农产品市场化经营、品牌化增值。近几年来，肇东市着力在打造"松花江"大米、"大平"小米、"榛柴岗"小米等粮食品牌上下功夫。目前，这几个粮食品牌知名度和美誉度大大提高，为农民和粮食加工企业增加收入做出贡献。

三　粮食生产取得的发展成果

十多年来，肇东市认真并富有创造性地贯彻落实党和国家关于发展粮食生产的各项要求、政策和措施，粮食综合生产能力得到了显著提高。

（一）粮食播种面积显著扩大

2004 年以来，肇东市的粮食播种面积基本上都是逐年增加。2013 年，肇东市的粮食播种面积达到 404.27 万亩，比 2003 年增加 101.07 万亩，增长 33.36%。

（二）农民投入明显增加

农民在粮食生产及其他农作物生产方面的农用生产资料投入明显增加。2013 年，全市化肥施用折纯量为 6.86 万吨，比 2003 年增加 2.12 万吨；同时，有机肥的施用量也有了较大增加。农机具购置方面，在国家农机具补贴政策和市级财政补贴的引导和扶持下，肇东市农用机械总动力由 2003 年的 28.30 万千瓦，增加到 2013 年的 51.70 万千瓦。此外，通过现代化大型农机专业合作社的发展，肇东市大型农业机械发展迅速，目前已组建投资千万元以上的现代化大型农机专业合作社 40 余个。

（三）粮食产量大幅增长

2004—2013 年，肇东市的粮食单位面积产量和总产量均连续增长。2013 年，肇东市粮食亩均产量达到 582 公斤，比 2003 年增加 163 公斤，增长 38.90%；粮食总产量达到 23.52 亿公斤，比 2003 年增加 13.52 亿公斤，增长 135.00%。

（四）农田基础条件建设取得显著成效

多年来，特别是从中央 2011 年"一号文件"《中共中央、国务院关于加强水利改革发展的决定》发出以后，肇东市加大了水利建设投入力度，通过实施平原水库除险加固工程、改造和新建泵站、增打机井和增加节水灌溉设施。到2013年，旱涝保收面积达到128万亩，高产攻关田达到80万亩，玉米吨粮田达到31万亩。同时，土壤条件得到很大改善，一半以上耕地通过畜牧业发展和有机肥生产，实现了过腹还田，80%以上的耕地实现了秸秆还田。

（五）科技支撑能力增强

经过多年的建设，肇东市农技推广中心、乡镇农技推广站、村级服务室三级专业服务网络已经形成和健全，并通过招录大学生农技人员和农村土专家、土人才，实现了村村都有专业人员，每个园区都有骨干力量。通过多种形式的培训，全市90%以上的农民掌握了高产创新技术要领。测土配方施肥和良种实现了全覆盖，玉米、水稻模式化栽培面积达到90%以上。到2015年，科技入户率、科技推广率、科技成果转化率分别达到90%以上，农业科技贡献率达到60%以上。

四 粮食生产潜力挖掘仍大有可为

最近十多年来，通过认真贯彻落实党和国家发展粮食及农业生产各项政策措施，并从本地实际出发，积极创新发展模式，肇东市的粮食生产及整个农业生产都取得了令人瞩目的成就。而且，从调查的情况和分析来看，肇东市粮食生产的潜力挖掘仍然大有可为。

（一）改变发展不平衡的现象将有助于缩小差距

2014年，肇东市粮食平均亩产为582公斤，但乡镇与乡镇、村与村、户与户之间存在明显的不平衡现象。五里明镇东升村粮食平均亩产超过1000公斤，该村万亩高产示范田玉米亩产达到1242公斤，以全省最高单产夺得"玉米王"称号。然而，仍有半数乡镇、村粮食亩产水平在平均线以下，低产地块的玉米亩产仅在500公斤左右，低产地块的稻谷亩产仅在400公斤左右。乡镇与乡镇、村与村之间的差距既有自然条件的因素，也有人的因素，而这两方面的因素经过努力都是可以有所改变的，改变的过程也就是缩小差距的过程，改变的程度也就是增产潜力释放的程度。

（二）农田基础条件建设的持续加强将有助于中低产田潜力的挖掘

《肇东市国家现代农业示范区建设规划（2011—2015）》提出，到 2015 年，全市有效灌溉面积达到 280 万亩，旱涝保收高标准农田面积扩大到 200 万亩。实现这一规划后，肇东市的有效灌溉面积占现有耕地的 2/3，旱涝保收高标准农田面积占现有耕地的近 50%，但全市还有 130 多万亩耕地得不到有效灌溉，有近 200 万亩中低产田需要加以改造。通过改善灌溉条件和中低产田改造，亩产水平一般可提高 100 公斤以上。按每亩增产 100 公斤计算，全市在这方面的增产潜力约在 2 亿公斤。近几年来，肇东市一直在这方面不断加大投入力度，可以预见，随着有效灌溉面积的增加和中低产田改造工程的实施，粮食增产潜力的挖掘将逐步得到实现。

（三）农业科技的进步及社会化组织的成长将有助于粮食生产能力的进一步提高

一方面，国家越来越重视农业科研和农业科技成果推广应用。2015 年"中央一号文件"明确提出，要强化农业科技创新驱动作用，健全农业科技创新激励机制，激发科技人员创新创业的积极性；加快农业科技创新，在生物育种、智能农业、农机装备、生态环保等领域取得重大突破。国家对农业科技的重视，必将对今后全国包括粮食在内的整个农业生产产生巨大的促进作用，肇东市也是其中的受益者。另一方面，经过多年的努力，肇东市已形成比较好的农业科研、农技推广应用工作基础，而且肇东市已确定今后将不断加强农业科技工作，这将对今后的粮食生产发展具有持续的推动作用。同时，国家也越来越重视农业社会化服务工作。2015 年"中央一号文件"对此有专门部署，并要求抓好农业生产全程社会化服务机制创新试点，重点支持为农户提供代耕代收、统防统治、烘干储藏等服务。近几年来肇东市在粮食生产社会化服务方面有了长足进步，同时也还有很大的发展空间。可以预见，随着 2015 年"中央一号文件"的落实，随着肇东市对这项工作力度的加大，肇东市的粮食生产能力将得到进一步提高。

（四）国家和地方政府对粮食生产支持力度的不断加大将有助于更好地保护和激发农民种粮积极性

虽然 2004 年以来，全国粮食产量保持了连续增长，农业发展水平持续提升，但国家对粮食和整个农业生产的重视程度与政策支持力度并没有丝毫放松和降低，而是重视程度越来越高，政策支持力度越来越大。2015 年的"中央一号文件"针对我国经济发展进入新常态，如何在经济增速放缓背景下继续强化农业基础地位、促进农民增收，提出了破解这一重大课题的政策和措施。文件提出，要优先保证农业农村投入，坚持把农业农村作为各级财政支出的优先保障领域，加快建立投入稳定增长机制，持续增加农业农村支出，中央基建投资继续向农业农村倾斜，保持农业补贴政策的连续性和稳定性，继续实施粮食直接补贴、农资综合补贴、良种补贴、农机具购置补贴等政策，并通过试点提高补贴的导向性和效能；完善农机具购置补贴政策，向主产区和新型农业经营主体倾斜，扩大节水灌溉设备购置补贴范围；强化对粮食主产省和主产县的政策倾斜，保障产粮大县重农抓粮得实惠、有发展；加大中央、省级财政对主要粮食作物保险的保费补贴力度。肇东市在落实 2015 年"中央一号文件"提出的多项政策的同时，也加大了市级财政对粮食和农业的支持力度，确定 2015 年继续推进水利基础设施建设，新打抗旱机电井 300 眼，新增高效节水灌溉面积 5.40 万亩；全年新培育家庭农场（大户）300 个，农民专业合作社 100 个；全力构建农业社会化服务体系，继续做强壮大 23 个服务公司，服务面积扩大到 100 万亩；继续加大金融新产品开发力度，农业信贷能力达到 40 亿元以上；继续扩大"投保入股合作"试点，增加政策性和商业性农业保险面积。可以肯定，在党中央、国务院高度重视下，中央财政、省级财政和肇东市财政对粮食和整个农业的政策支持力度会继续加大。这些政策的持续实施，既可以直接增加农民的补贴收入，又可以让农民通过政府对农田基础条件的改善增加种粮收入，这必然有助于更好地保护和激发农民种粮积极性，有助于肇东市今后将粮食生产潜力不断转化为现实生产能力。

吉林省榆树市粮食生产情况调查

一　基本市情

榆树市隶属于吉林省长春市，地处松辽平原腹地，坐落在世界著名三大黄金玉米带上，处于长春、吉林、哈尔滨三市构成的三角区中心。市境南北、东西距离均为85公里，面积4712平方公里。全市辖2个省级开发区、15个镇、9个乡、4个市区街道、388个村。全市总人口131万，其中，城镇人口21万，乡村人口110万。

榆树市交通区位优势明显。榆陶铁路、榆舒铁路进入京哈干线进而连通全国；京哈高速公路、102国道、黑大一级公路、榆陶一级公路、科铁二级公路、榆江二级公路等高等级公路，构成了四通八达的公路网络，市中心距长春龙嘉国际机场仅有110公里。五棵树松花江码头使水上运输连接吉林、哈尔滨两市。便捷的交通缩短了榆树市与外界的时空距离，满足了大运量、低成本和方便、快捷的要求，物流、人流、信息流、资金流日益密集。优越的交通区位优势，使榆树市的市场空间极为广阔。

榆树市产业基础良好。榆树市地处世界著名黄金玉米带，土壤肥沃、气候适宜，是我国重要商品粮基地。榆树市耕地584万亩，盛产玉米、大豆、高粱、水稻等作物。丰富的粮食资源，为其他产业发展提供了充足原料。榆树工业依托丰富的农业资源优势，不断完善长春五棵树经济开发区、榆树环成工业集中区两个省级开发区的基础设施，承载能力显著增强，共吸引100多家外埠投资企业在此落户。中粮、正大、中化帝斯曼、大连实德、京粮集团古船米业、榆树钱酒业基地等一批大项目先后投产达效，以玉米化工、生物制药、畜禽加工、白酒酿造、机械制造、新型建材为主导的六大产业初步形成，产业链条不断延长。

榆树市综合实力比较雄厚。2013年，榆树市生产总值367.01亿元，其中，第一产业增加值100.87亿元，第二产业增加值

100.79亿元，第三产业增加值165.35亿元；农业总产值181.49亿元，其中，其中种植业产值101.60亿元，林业产值3432万元，牧业产值7.43亿元，渔业产值1.07亿元，农林牧渔服务业产值4.13亿元；全口径财政收入14.10亿元，全社会固定资产投资233.00亿元，社会消费品零售总额121.00亿元，城镇居民可支配收入、农民人均纯收入分别达到1.96万元、1.20万元。连续九年跻身全国最具投资潜力中小城市百强，被评为全国生态文明先进市、绿色宜居城市、农业标准化示范市，获得全省县域综合评比三等奖。

二 2004年以来粮食生产发展取得显著成效

榆树市是吉林省第一产粮大县，而且一直是全国闻名产粮大县、商品粮大县，素有"天下第一粮仓"之美誉。改革开放以来，农村实行的一系列改革措施，使农民的粮食生产积极性得到很大程度的释放。1998年，全市粮食总产量创纪录地达到23.60亿公斤。在此之后，由于"卖粮难"问题的出现，粮价低迷，农民种粮的积极性受到较大影响，加上自然灾害等因素，在世纪之交的几年时间里，粮食生产出现了下滑趋势。到2003年，粮食总产量为20.00亿公斤，比之前产粮最多的1998年减产3.60亿公斤。2004年以来，榆树市认真贯彻落实党中央、国务院和省、长春市关于发展粮食生产的一系列要求和政策措施，并积极探索，大胆创新，在粮食生产发展方面取得了显著成效。

（一）粮食播种面积明显增加

20世纪90年代末到21世纪初，榆树市粮食播种面积明显减少。2003年，全市粮食作物播种面积为390.70万亩，与1998年相比减少了11.29万亩。2004年之后，在一系列粮食支持政策的作用下，当年就增加到433.84万亩，比上年增加40多万亩；之后，不断稳定增加。到2013年，粮食播种面积达到567.81万亩，比2003年增加177.11万亩，增长45.33%。在2013年比2003年粮食总产增加的数量中，播种面积增加的贡献率占77.60%。

（二）粮食产量不断提高

2004年以来，榆树市粮食单产基本保持了连年增长。2013年，全市粮食亩均产量达到 587.20 公斤，比 2003 年的 511.92 公斤增加 75.28 公斤，增长 14.71%。通过粮食单产的提高和播种面积的增加，粮食总产量也大幅提高。2013 年，全市粮食总产量达到 33.34 亿公斤，比 2003 年增加 13.34 亿公斤，增长 66.70%，增长幅度高于同期全国增长幅度 27.20 个百分点，连续 10 年获得全国粮食生产标兵县（市）荣誉称号。

三　主要做法和经验

近十年来，榆树市粮食生产能够取得显著成就，其主要做法和经验是：靠政策调动农民种粮积极性，靠农业生产条件建设夯实粮食生产基础，靠科技提高粮食生产支撑能力，靠规模经营提高农民种粮效益，靠服务为农民种粮排忧解难。

（一）靠政策调动农民种粮积极性

多年来，榆树市一直高度重视国家对粮食生产各项补贴政策的落实，完善工作机制，确保公开、公平、公正和不折不扣地把种粮农民直接补贴、农资综合补贴、良种补贴、农机具购置补贴等兑付到农民手中。同时，榆树市还从实际出发，制定实施有利于促进农民种粮积极性的补贴奖励政策。一是为了推广高产创建活动，市财政拿出 100 万元对高产创建先进单位和个人进行奖励。通过国家财政、本级财政和农民投入，不断增加粮食保险面积，近几年来粮食保险面积都在 200 万亩以上。二是为了调动农民应用高光效栽培技术的积极性，榆树市对示范高光效技术农户，以及购置高光效耕作机械的种粮、农机大户给予充足的资金补贴。高光效栽培法是一项能够使阳光和二氧化碳、水等生物指标的共同作用转化成更多生物能的栽培技术，可以提高单产 10% 以上。吉林省财政对采用高光效栽培法农户的整地、插秧给予补助，2013 年玉米整地每亩补助 20 元，水稻插秧每亩补助 10 元。为充分调动农民采用高光效栽培法的积极性，2013 年榆树市对种粮大户和农机大户购置的高光效耕作机械，在国家补贴、省级补贴基础上，市财政再给予 20% 的补贴；对采用高光效技术的农户，在省级补贴基础上，市财政再给予同等额度的补贴。2013 年榆树市为高光效栽培技术的推广示范投入资金

1162 万元，使全市高光效技术推广面积达到 160 万亩。

（二）靠农业生产条件建设夯实粮食生产基础

为保证粮田面积的稳定和增加，榆树市不断加大耕地保护力度，坚持节约用地，开发整理新耕地，实现耕地总量动态平衡，为稳定和增加粮食播种面积创造条件。榆树市放大耕地保护"红线"，在科学谋划、合理安排经济社会发展用地基础上，大幅增加耕地保护面积。全市基本农田保护面积由 436.50 万亩提升到 472.95 万亩，增加 36.45 万亩，保护率由 87.20% 提高到 92.45%。在农田水利基础设施建设上，整合资金 6.50 亿元，实施了境内"一江两河"治理工程和 58 个中小水库除险加固工程，松花江、拉林河、卡岔河分别达到 50 年、30 年和 10 年一遇标准，形成了比较完整的水利工程体系。沿江沿河 18 个乡镇建成旱能浇、涝能排的高标准良田 200 万亩。在现代农业设施建设上，争取上级财政资金和整合农业、水利等项目资金 1.88 亿元，推进节水喷灌设施建设，集中在 13 个乡镇、60 个村落实大型节水喷灌设备 472 台（套），实现有效喷灌面积 20 万亩。新建移动式喷灌设施 670 台（套），实现旱田水浇 10 万亩。大力推动土地深松深翻措施的实施，不断加大秸秆、根茬儿还田力度。按照"增机收、促还田"的指导思想，主推"三三制"整地养地模式，即每年深翻 1/3、深松 1/3、灭茬 1/3，三年轮翻一遍。榆树市农机局通过调查对比发现，机械深松作业对促进粮食增产，改善土壤结构，增加地力，效果明显，深松地块与未深松地块相比，玉米平均增产幅度为 11.90%。榆树市还坚持种地养地，大力积造农家肥。结合农村环境综合整治，在全市近 400 个村实施了垃圾分类收集、集中堆肥、统一还田的"三位一体"农家肥积造模式，做到生产生活垃圾分类处理，科学积肥，培肥地力，改良土壤结构。全市每年有 320 万立方米优质农家肥还田。同时，以机插、机收和发展大马力拖拉机为重点，提高全程农机化作业水平，每年用于购置农业机械的资金近 4 亿元，年新增农机总动力 10 万千瓦。2013 年，全市农业机械总动力达到 137 万千瓦，比 2003 年增加 78 万千瓦。目前，全市农业综合机械化水平达到 85% 以上，田间生产已经全部实现机械作业。

（三）靠科技提升粮食生产支撑能力

多年来，榆树市开展以提高单产能力为主攻方向的"六个工程"和科技服务"五到户"工作。"六个工程"即良种工程、科技培训工程、科技入户工程、农业标准化工程、植保工程和测土配方施肥工程。"五到户"即科技人员蹲点到户、科技培训到户、栽培模式到户、"三大"技术推广到户、科技竞赛落实到户。仅测土配方施肥一项技术，每亩就能节约成本 37 元、增收 45 元。近几年来，全市每年实施测土配方施肥面积都在 300 万亩以上，每年直接增加收益 2.50 亿元以上。为了确保增粮技术措施入户到田，榆树市建立了责任激励机制，将科技推广应用等指标任务落实到各相关单位，作为年度考核的重要指标。鼓励科技人员包村、包农业合作社和种植大户，开展全程技术指导服务。

近几年来，榆树市在农业科技方面还突出抓四个重点。

一是抓科研能力建设。榆树市建成了县级一流的农科院，农科院聘请了 27 名国内一流的育种专家和 97 名农业技术人才，并与华中农业大学联合创办了分子育种中心，年投入科研经费超过 1000 万元。

二是抓农业科技园区建设。投资 9100 万元，建设农业产业园区和新技术示范园区，通过品种与技术、农机与农艺、工程措施与智慧农业等相结合的办法，开展玉米、水稻高产模式攻关，为粮食提质增收创造条件。

三是基地建设。2013 年，市政府拿出 420 万元为乡镇"两站"购置农用机械，并安排 112 万元专项经费，支持"两站"建立自己的试验示范基地，让"两站"真正活起来。

四是抓 30 个万亩高产示范片。示范片高产攻关田所用种子、化肥、农药等物资，以及化控措施由农业技术推广中心统一提供，农业系统抽出 712 名科技人员，承担示范片集成技术推广，通过田间定点指导等方式，保证每项技术都落实到位。

（四）靠规模经营提高农民种粮效益

农户小规模分散经营是农民种粮绝对收入偏低的主要原因之一。

为了提高农户种粮效益，进而调动农户的种粮积极性，多年来，榆树市通过政策扶持、项目倾斜等措施，逐步形成了合作社托管经营、合作社统种分管经营、合作社统一经营、家庭农场经营、种粮大户规模经营、龙头企业＋合作社经营、龙头企业直接经营七种模式下的百亩以上的各类经营主体 4120 户，流转经营土地 215 万亩，占全市耕地面积的 38%。经过近几年的实践证明，这七种经营模式，加快了土地适度规模经营的发展，较大幅度地增加了农民收入。以合作社托管经营为例，农户每托管一亩土地，可比其他农户少投入 56.70 元，多产粮食 100 公斤。有的合作社则效益更好，其中，榆树市合发村昌禾种植专业合作社由 5 户农民组成，流转该村4650 亩耕地，一般年景下，每亩比附近一家一户种植节约成本 60—70 元，增产收益 130—140 元，这一增一减使得合作社农户每亩耕地收入增加 200 元左右。

（五）靠服务为农民种粮排忧解难

榆树市建立了政府、企业、合作社和农户组成的多层次多形式的粮食生产服务体系，常态化开展病虫草鼠害全面监测，及时发布预报和预警，并成立了 12 支专业服务队伍，以政府采购方式对玉米、水稻重大病虫害实行统防统治。建设了榆树通用航空机场，购进 5 架飞机，通过航化作业对水稻稻瘟病、二化螟进行专业化统防统治，飞机航化作业面积达 70 万亩。投资 1100 万元，在全市新建5 个智慧农业监测点，实现农业信息自动采集、自动处理、自动发布，及时全面为农民提供农业信息服务。搭建了农业气象预警平台，及时发布公共农业气象信息，并建立了 30 个人工防雹站，购置了 8 部增雨火箭。通过发展农机专业合作社，提高农机化整体服务水平。2013 年，全市农机合作社达到 95 个，固定资产总值达 2.09亿元，农机具数量 9569 台，年作业服务收入 0.35 亿元。通过落实省级农村金融试点，成立物权公司、贷款担保公司，为农民种粮提供金融服务。支持中粮榆树公司推出了"粮食银行"模式，具体做法是：农户与"粮食银行"首先提前签订粮食存销意向书，约定价格依据与数量、价格确认、资金结算、所有权与风险等；玉米存入后，签订玉米购销协议开出购销凭证，类似银行存折。农户在送粮当天就可根据市价结算10%的售粮款，也可在7—180天根据粮食市场收购价格择日结算提取现金。结算当天，如果市场价格比送粮时上涨，就按上涨价格结算；如果粮价比送粮时价格低，公司为农民每吨粮食补贴10元。这种模式既解决了粮食加工收储企业的原料供应和资金压力，又解决了农民粮食收储难、卖价低等难题，间接提高了农民收入，为农民卖粮提供了新的服务方式，实现了农户与企业共赢。2013年，榆树市兑现粮食收储合同10万吨，参加农户6500户，变现资金达2亿元。

四 稳定和提高榆树市粮食生产能力的对策建议

作为多年荣膺全国第一产粮大县的榆树市，2004—2013年的10年间，粮食总产量在基数较高基础上仍实现了年均递增5.26%的幅度，比同期全国总体年均递增3.40%的幅度高1.86个百分点，为保障国家粮食安全做出了很大贡献。基于我国人多地少、水资源严重不足、粮食刚性需求将不断增长的基本国情，继续稳定和提高粮食生产能力，保障国家粮食安全无疑是一项长期的重大战略任务。要确保粮食生产能力的稳定和提高，确保国家粮食安全，需要全国上下持之以恒、共同努力，也更需要包括榆树市在内的所有产粮大县不断做出新的贡献。榆树市要继续保持粮食生产能力的稳定和提高，既有很大的压力和难度，也有很大的潜力和希望；既需要正视存在的问题、压力和困难，防止出现自满和松劲的现象，也需要看到潜力和希望所在，防止产生畏难情绪，进一步增强信心，继续发扬敢于和善于创新的精神、求真务实的工作作风，更好地发挥优势，强有力地改变薄弱环节，将压力变动力，将潜力转化为现实的生产能力，为保障国家粮食安全做出更大贡献。

（一）着力提高粮食单产

榆树市2013年比2003年粮食总产量增量中，超过3/4是依靠扩大粮食播种面积增加的，而同期粮食单产的增长幅度则低于全国平均增长幅度。2013年与2003年相比，全国粮食单产的增长幅度为24.10%，榆树市的增长幅度为14.70%，比全国低9.40个百分点。2003 年榆树市粮食亩均产量 511.92 公斤，比全国当年亩均产量 288.87 公斤高 223.05 公斤，高幅达 77.21%；2013 年，榆树市粮食亩均产量 587.20 公斤，比全国当年亩均产量 358.44 公斤高 228.76 公斤，高幅达 63.82%。也就是说，2013 年与 2003 年相比，榆树市粮食亩均产量绝对增加量仅比全国高 5.71 公斤，而高幅则降低了 13.39 个百分点。当然，榆树市在 2003 年粮食亩均产量比全国平均水平高 77.21% 的基础上实现再增产，难度确实大得多。但是，域内乡镇与乡镇、村与村、户与户之间亩均产量水平差异显著的状况也反映出榆树市粮食单产水平的提高仍有令人可期的潜力。在粮食播种面积连年扩增的情况下，再随着城镇化、工业化的发展，榆树市今后扩大粮食播种面积的空间已经微乎其微，甚至还会出现一定程度的减少。今后要继续保持粮食生产能力的稳定和提高，榆树市必须进一步明晰以提高粮食单产为主攻方向的粮食发展思路，重点在提高粮食单产上下功夫。

（二）着力增强科技工作后劲

不断提高科技支撑能力是提高粮食单产进而稳定和提高粮食总产最有效措施之一。经过多年来的努力，榆树市在农业科技推广体系和机制建设方面取得了明显成效，农业科技对粮食生产发展起到了有力的支撑作用。但是，从目前的情况看，农业科技工作仍然存在后劲不足的问题。特别是农业科技推广队伍学历、职称结构失衡，推广体系活力不足。2013 年，榆树市农业技术推广人员实有人数 650 人，其中硕士研究生学历 2 人，占 0.31%；本科学历 77 人，占 11.84%；大专学历 160 人，占 24.62%；中专学历 374 人，占 57.54%；中专以下学历 37 人，占 5.69%。专业构成中，涉农专业 421 人，占 64.77%；非农专业 229 人，占 35.23%。职称构成中，高级职称 35 人，占 5.38%；中级职称 148 人，占 22.77%；初级职称 416 人，占 64%；无职称 51 人，占 7.85%。而且，由于推广工作经费短缺，推广人员待遇偏低，激励机制不健全，推广业绩与推广机构和推广人员的利益联系不紧密，推广体系缺乏足够的活力。因此，要增强农业科技对粮食生产支撑力，必须着力提高推广队伍的整体素质，提高人才的吸引力，改善学历结构和职称结构，加快知识更新步伐，并完善激励机制，提高农业科技推广技术人员的待遇，充分调动农业科技推广技术人员的积极性、主动性和创造性；同时，增加财政投入，保障农业科技推广的经费需要。

（三）着力用政策调动农民种粮积极性

2004 年以来，榆树市粮食生产能够取得显著成就，关键一点在于国家、地方上级政府和榆树市实施了一系列支持政策，有效地调动了农民的种粮积极性。今后，榆树市要继续保持粮食生产能力的稳定和提高，最关键的仍然是坚持用政策进一步激发农民的种粮积极性。首先，应确保国家和地方上级政府所有支持粮食政策的全面落实，其次，应优化本级财政支出结构，根据本市的财力状况，尽可能地加大对粮食生产的支持力度，用政策保证粮食播种面积的稳定，用政策助力粮食增产新技术、新方法、新品种的推广应用，用政策促进粮食生产新型经营主体的发育、成长，用政策推动土地依法流转和适度规模经营的发展等。

（四）着力加强农业基础条件建设

长期以来，榆树市在加强农业基础条件建设方面做出了卓有成效的努力，但是，粮食生产基础条件比较薄弱的状况仍然没有得到完全改变。到 2013 年，旱能浇、涝能排的高标准良田为 200 万亩，不到总耕地面积的 35%，中低产田占比仍然较大。此外，节水设施建设的步伐还不够快，水资源利用率不够高。农业基础条件方面存在的这些不足，既是粮食生产发展的潜力所在，也是今后继续保持和稳定粮食生产能力需要重点抓好的环节之一。因此，应继续加大力度，持之以恒加强农田水利基础设施建设，加快原有水利基础设施老化失修状况的改善，努力开辟新的水源，大力发展节水灌溉技术，使有限的水资源的利用率得到提高。同时，应加大中低产田改造力度，大力推广旱作农业技术，坚持不懈地抓好地力培肥等改善农业基础条件等措施。

（五）着力提升公共服务和社会化服务水平

在农村青壮年人员不断外流，农业劳动力整体素质下降情况下，大力提升公共服务和社会化服务水平显得尤为重要。应不断完善政府、企业、合作社和农户组成的多形式、多层次的生产服务体系，加大支持力度，创新支持方式，继续培育和发展专业化服务队伍，并坚持以政府采购方式对粮食主要作物病虫害实行统防统治等行之有效的社会化服务措施。认真总结近几年来在发展农村金融服务方面进行的探索、创新，不断地加以完善，努力为农民发展粮食生产提供更好的金融服务。

（六）着力抓好粮食生产风险保障机制建设

粮食生产成本高、生产周期长，受自然因素影响大，市场风险性较高。特别是近些年来新发展起来的新型规模经营主体，普遍存在抵御自然灾害能力不足的问题，一旦遭受不可抗御的自然灾害，就会受到致命的打击。近几年来，榆树市在粮食生产风险保障方面采取了一些有效措施，但离粮食生产健康发展的需要还存在一定差距，特别是粮食生产抵御各种风险的长效机制尚未完全建立起来。2013年，榆树市粮食作物保险面积仅占全市粮食作物面积的35%，而且理赔的标准也比较低，不足以弥补风险造成的基本损失。为继续保持粮食生产能力的稳定和提高，应尽快建立和完善风险长效保障机制。加快建立政府支持、多方参与、市场运作的农业贷款担保机构，为种粮农民和新型粮食经营主体提供贷款担保服务。加大粮食作物保险政策支持力度和普及力度，力争尽快实现粮食作物保险全覆盖，并提高投保和理赔标准，增强农民发展粮食生产的抗风险能力，力保农民种粮在遇到自然灾害的情况下，能获得基本收益，并具有尽快恢复生产的能力。

河南省滑县粮食生产情况调查

一 基本县情

滑县位于河南省北部，与濮阳、延津、浚县、长垣、封丘、内黄接壤。县城南距郑州市130公里，北距安阳市70公里，东北距濮阳市 53 公里，西南距新乡市 70 公里，西北距鹤壁新市区 25 公里。全县面积 1814 平方公里，耕地面积 195 万亩。辖 12 镇 10 乡和新区管委会，总人口 134 万人，城镇化率 22%。滑县地形以平原为主，气候湿润，雨量较充沛，年平均气温 14℃，年平均降水量 634 毫米，日照 2365 小时，无霜期 201 天，适宜小麦、玉米、大豆、花生、棉花、红薯等农作物生长。

改革开放 30 多年来，滑县经济和社会发展取得长足进步。特别是最近十年，滑县的经济和社会发展更是取得了令人瞩目的成就。2013 年，滑县生产总值 183 亿元，比 2003 年的 44.65 亿元增长 3 倍；财政一般预算收入 6.34 亿元，比 2003 年的 1.43 亿元增长 3.43 倍；全社会固定资产投资 113.30 亿元，比 2003 年的 1.74 亿元增长 65.6 倍；年末金融机构各项存款余额 173.60 亿元，比 2003 年的 34.9 亿元增长 3.98 倍；年末金融机构各项贷款余额 79.70 亿元，比 2003 年的 26.85 亿元增长 1.97 倍。在工业发展方面，滑县以产业集聚区为载体，着力推进工业转型、产业升级，新型工业化水平进一步提升。主导产业初具规模：以食品加工、装备制造、煤化工为重点，加快主导产业培育和龙头企业发展，全县规模以上工业企业已达 128 家。自主创新能力明显提高：6 家企业建成省、市技术研发中心；开仑化工等 3 家企业跨入国家高新技术企业行列；凤凰光伏入围全国首批光伏制造企业准入名单；华泰粮机荣获"中原十大创新企业"称号，米糠一级油精炼技术研究项目荣获河南省科技成果一等奖。同时，城乡面貌发生明显变化。县城建设实现突破，基础设施建设得到加强，成功创建为省级精神文明先进县城、省级双拥模范县。村镇建设步伐加快。城关镇、道口镇蝉联全省百强乡镇，道口镇被命名为中国历史文化名镇，锦和新城获得"河南省绿色社区"荣誉称号。此外，民生得到持续改善。2013 年，全县财政民生支出 31.20 亿元，占财政总支出 82.20%。就业再就业工作得到不断加强，社会保障体系得到不断完善，社会事业取得均衡发展，生态建设和环境保护成效显著，社会大局和谐稳定。先后荣获全国全民健身活动县和全国平安建设先进县称号，并被确定为全国美丽乡村建设试点县。

二 2004 年以来在粮食生产方面取得的成就及经验

（一）成就

滑县是河南省第一产粮大县，素有"豫北粮仓"之称，一直有重视粮食生产的优良传统。20 世纪 90 年代连续十年进入全国粮食生产百强县。2001 年被批准为国家"十五"优质小麦商品粮基地县，2002 年被确定为国家"十五"科技攻关重大项目小麦优质高效生产技术研究与核心示范区，2003 年被确定为国家优质专用小麦生产重点示范县。特别是 2004 年以来，通过贯彻中央历年一号文件，粮食生产更是取得显著成就。2004 年粮食总产量迈上了 10 亿公斤的台阶，2005 年迈进了 11 亿公斤的台阶，2007 年迈上了 12 亿公斤的台阶，2008 年迈进了 13 亿公斤的台阶。2013 年粮食总产量达到 13.99 亿公斤，比 2003 年 9.77 亿公斤增加 4.22 亿公斤，增长 43.19%；其中小麦产量达到 9 亿公斤以上，成为我国小麦生产第一县。自 2004 年以来，粮食亩产水平也是连年提高，2013 年达到 508.28 公斤，比 2003 年增加 95.27 公斤，增长 23.07%。滑县粮食总产量从 2003 年到 2013 年实现十一连增，连续 22 年保持全省第一，荣获全国唯一的粮食生产先进县"十一连冠"。

（二）经验

滑县能够在粮食生产发展方面取得显著成绩，关键是做到了六个"坚持不懈"：

其一，坚持不懈抓领导责任落实。中央和地方各级政府关于发展粮食生产的要求和政策需要各级领导以强烈的使命感和责任感来抓落实。2006 年，时任滑县县委书记的刘国连接受记者访谈时说：虽然农业，特别是粮食生产，由于其基础性特点，对地方 GDP 增长和财政增收贡献较弱，但我们始终认为，粮食安全是国家保持稳定发展和建设和谐社会的基石，粮食生产不仅仅是经济问题，更是一个政治问题，作为粮食主产区，应该从国家粮食安全的大局出发，承担起自己的责任，坚持把稳定发展粮食生产作为县里的核心工作来抓。现任县委书记董良鸿也认为："粮食生产是最大的政治。"多年来，虽然滑县县委、县政府领导班子做过多次调整，但领导班子抓粮食生产的责任感始终没有弱化，巩固全国小麦产量第一县、河南省粮食总产第一县地位的决心没有丝毫动摇。县委、县政府建立目标责任制，把粮食生产纳入乡镇考核和创业竞赛活动，与各乡镇政府签订粮食生产目标责任状，作为一项必须完成的任务进行分解。2011 年，滑县被农业部列为全国高产创建整建制推进试点县之后，县委、县政府迅速制定关于全县推进粮食高产创建的意见，明确提出集中打造一个 10 万亩高产创建核心示范区，每个乡镇建设两个万亩示范片的任务目标，并层层明确责任。成立了以县委书记为主任、县长为常务副主任的滑县粮食高产创建工作推进委员会，并建立了高产创建工作委员会联席会议制度。县委书记、县长分包 10 万亩高产创建核心示范区，县四大班子领导每人分包 1 个乡镇，各乡镇党委书记、乡镇长分包一个万亩示范片，确保高产创建取得成效。同时，将高产创建工作纳入乡镇年度考核范畴，对表现突出的乡镇进行表彰奖励，对后进乡镇给予通报批评。

其二，坚持不懈抓各项惠农政策落实和争取工作。2004 年以来，国家陆续出台了种粮农民直接补贴、农资综合补贴、良种补贴、农机具购置补贴等一系列粮食补贴政策。滑县公平、公正、公开、及时地确保落实中央出台的各项补贴政策，推动粮食生产。例如，随着农机产品的不断丰富，农户对农机的需求也不断增加，虽然国家农机购置补贴的力度不断加大，但依然不能完全满足农民需要。为了保证政策的公平、公正落实，滑县农机局一方面加强宣传，使农机购置补贴政策家喻户晓；另一方面严格规范补贴程序，强化补贴资金管理，通过各种有效途径，将享受农机购置补贴农户姓名、购机类型、购机价格、补贴金额等在所在村进行为期 7 天的张榜公示，接受村民监督，并且在办理农机补贴的整个程序中，要四次见到本人，两次见到机器，办理补贴手续时必须本人到场签字，让这项惠民政策充分在阳光下运行。2013 年，全县发放粮食直补和农资综合补贴 1.82 亿元，农机购置补贴 0.21 亿元，良种补贴 0.33 亿元，共计 2.36 亿元。

在足额落实国家统一规定"四补贴"的同时，滑县还立足于粮食和农业发展的需要，积极主动地向上争取惠农资金。以2012年为例：2012年滑县争取到位产粮大县奖励资金和超级产粮大县奖励资金8650万元，争取上级涉农项目到位资金4.26亿元，主要用于支持农业综合开发项目建设、高标准农田水利项目建设、新增千亿斤粮食田间工程项目、土地综合整治项目、农业保险项目等，并为永达食业、滑丰种业等企业争取项目资金4283万元，促进农业产业化龙头企业加快发展。

除此之外，滑县还尽可能从本县财政安排专项资金，用于调动农民种粮和涉农企业服务粮食及农业生产的积极性。例如，2011年春季，滑县遇到了严重干旱，全县发放抗旱浇麦补贴资金1243万元，支持农民抗旱浇麦。2011年在小麦高产创建工作中，在国家每亩给予10元良种补贴的基础上，县财政每个万亩丰产示范片又安排了5万元良种补贴资金，以保证良种的统一使用。2013年，县本级财政投入5800万元用于支持粮食生产。滑丰种业是农业部颁证的种子企业，集科研、生产、销售、服务于一体。为了使滑丰种业在全县良种繁育推广方面发挥更大的作用，县财政在财力有限的情况下给予其贷款贴息，并依托滑丰种业规划在全县建设15万亩小麦良种繁育基地，打造全省乃至全国最大的小麦良种繁育基地。

滑县通过落实和争取一系列惠农政策，加大本级财政支持粮食生产力度，有效地调动了农民种粮和乡镇、村抓粮的积极性。全县粮食播种面积基本上是逐年增加，良种覆盖率大幅提高，农业机械化水平不断提升。2013年，全县粮食播种面积达到275.24万亩，比2003年增加38.63万亩，增长16.33%。小麦、玉米等优质高产主导品种覆盖率达到100%。2013年，农业机械总动力达到255.14万千瓦，比2003年的195.31万千瓦增加59.83万千瓦，增长30.63%。2013年，全县农机综合机械化率达到87.10%，小麦的机收率和机播率分别达到99.40%和99.90%。

其三，坚持不懈抓农田基本条件建设。滑县一直重视农田基本条件建设。特别是近几年来，滑县在高产创建活动中，全力实施高标准粮田"百千万建设工程",从实际出发,打破乡镇界线,在全县规划高标准粮田万亩方33个,千亩方38个,百亩方10个,倾力打造高产稳产的高标准永久性粮田155万亩。到2013年,全县高标准粮田面积达到93万多亩。而且以白马坡、卫南坡为核心,规划建设50万亩全省最大的集中连片高标准粮田示范区。其中,白马坡、卫南坡26.50万亩高标准粮田示范区,过去是盐碱地,小麦平均亩产长期在300公斤左右,实施高标准粮田工程建设后,平均亩产达到600公斤以上,增长一倍多。在抓好155万亩高标准粮田建设的同时,滑县还统筹全局,加快了全县小型农田水利建设步伐。特别值得一提的是,为稳定和增加粮田面积,提高基本农田质量,十多年来滑县先后争取国家和省投资3.80亿元,启动土地整治项目27个,整治面积达到34.28万亩,新增加耕地7.54万亩。同时,滑县还争取社会资金7700万元,对县域内黄河故道未利用的沙荒地进行开发,新增加耕地2.80万亩。

其四,坚持不懈地抓科研开发与农技推广应用。滑县致力于打造三级科技服务团队,创新服务手段,为粮食生产提供强有力的科技支撑。滑县成立了全省第一家院士专家工作站和由15位国内知名专家组成的专家服务团,以及有农技、植保、土肥、农机等方面专家组成的高产创建专家组,为粮食生产提供技术服务。滑县不断加大科研投入力度,依托滑丰种业等企业先后培育出19个玉米新品种,与农业科研院校(所)联合开发出多个优质小麦新品种。此外,为全面提高农民的科技素质,滑县通过多种途径和形式对农民进行培训和指导,一是省里专家对技术指导员进行技术培训,二是技术指导员对核心农户举办技术培训班,三是核心农户对其他村民进行培训。滑县投资400多万元建设了农业展示服务中心、农技推广区域站和农业科技文化大院;组织全县208名技术员分包1019个行政村。通过多种形式和途径的培训、技术指导和技术展示,全县科技入户率达到90%以上,玉米、小麦等主推技术应用率达到100%。

为了加快粮食生产新技术、新方法的推广应用,滑县十分重视示范区建设和发挥其引领作用。例如，滑县每年都在粮食生产重要环节和收获前组织技术人员、科技示范户到高产创建核心区进行现场参观。再如，为了全面普及测土配方施肥技术，滑县做到了县有示范区、乡有示范方、村有示范田，实行领导和技术专家包干，统一技术指导，对参与示范的农户免费测土化验，优惠供应配方肥，并在每年粮食生产的周期中，多次组织农户到示范田现场观摩。其中，2013年全县建立了7个小麦、玉米万亩示范区，647块示范田。经过有效的示范推广，滑县测土配方施肥技术应用基本实现整县全覆盖。据滑县农业技术推广中心统计，自2005年滑县实施测土配方施肥技术以来，在小麦、玉米等作物种植上推广应用1503.60万亩次，累计增产粮食超过60多万吨，节本增效14.90亿元。

其五，坚持不懈地抓新型经营主体的培育和发展。在充分尊重和保障农户生产经营主体地位的基础上，积极培育和发展农民专业合作社、种粮专业大户、家庭农场等新型农业经营主体。为了规范农民专业合作社发展，滑县成立了合作社发展协调机构，并积极开展示范合作社创建活动，通过示范带动，提高全县农民专业合作社的发展水平。为了支持农民专业合作社发展，县财政设立了农民专业合作社发展专项资金，用于对合作社发展的培训、扶持和奖励。各乡镇也从本地实际情况出发，对新型经营主体和规模经营发展提供支持。四间房乡近年来全乡青壮年劳动力80%以上以常年外出务工为主，妇女和年龄较大的男劳动力成为农业生产的主体。根据这一情况，乡党委、政府采取广泛宣传、示范带动、政策扶持等措施，积极引导土地依法规范流转，发展新型经营主体和规模经营，在落实国家和省、市、县各项优惠政策的基础上，2012年为此专门安排了30万元专项经费。其中，对种植大户、农民专业合作社当年集中连片流转土地100亩以上、流转期限5年以上的，一次性奖补流入方每亩50元；300亩以上的，一次性奖补流入方每亩100元；对规范化运作并获得县以上优秀农民专业合作社的，每个合作社奖补2000元。到2013年，全县注册家庭农场455户，农民合作社发展到2600多家，种粮大户130多个，土地流转面积45.80万亩。

新型经营主体的发展对提高规模经营效益和农民种粮收益起到了积极的促进作用。滑县瑞阳粮食种植农民专业合作社从 2011 年成立到现在，已有社员 1.50 万人，流转土地 3.50 万亩，辐射周边 10 多个乡镇，年销售小麦 2000 多万公斤、玉米 1500 多万公斤。合作社由于具有规模优势，农资进货比较便宜，例如化肥每吨比散户购买低 200 元；大规模机械化耕作每亩节约成本 110 元；订单销售每亩增加收入 60 元到 100 元。2013 年，全县 2600 多户农民专业合作社，共有社员 4 万多户，合作社社员人均纯收入 7800 多元，比全县农民人均纯收入高 960 多元。

其六，坚持不懈抓服务水平的提升。滑县依托农业科技推广体系，在县、乡（镇）、村建立了农业信息化服务平台，配备了农业信息化服务人员，开发了移动终端农业与技术交流平台、手机短信服务平台，为农民提供及时全面的农业信息服务，而且专门印制了"粮食日历"，发到每家每户。此外，还开通了"12316"热线电话，农户遇到难题，可通过热线电话预约到技术员的免费上门服务。滑县规划建设了 6 个现代农业气象科技示范园、18 个农情远程监测系统。2009 年，在河南省率先实现了测土配方施肥网络化，农民在自家电脑或村文化大院配备的触摸屏电脑上，输入自己的名字，就可以查到适合自家土地的施肥建议。

在加强公共服务的同时，滑县还大力发展社会化服务组织，提高社会化服务水平。2009 年，滑县首先引导和扶持成立了禾丰植保服务农民专业合作社，该合作社下设 6 个村级机械化防治专业队，配备 180 台套车载喷雾器及其配套设备。之后，滑县又陆续引导扶持成立了拥有 5 个分社、619 台套植保机械设备的庆丰植保农民专业合作社等一批植保服务组织，实行市场化运作，政府给予一定补贴，对农作物的病虫草鼠害开展专业化统防统治服务。2013 年，滑县还首次采用飞机对全县 13 万亩示范片进行了病虫害的统防统治，探索专业化防治的新方式。

三　基于滑县视角对完善产粮大县扶持政策和机制的建议

截至 2013 年，滑县粮食总产量连续 22 年保持河南省第一名，是全国唯一的粮食生产先进县"十一连冠",也是全国小麦总产第一县。滑县为保障国家粮食安全,为保障粮食等主要农产品供给,为国民经济发展付出了艰辛的努力,做出了巨大贡献。但是,非常令人遗憾的是,2013年滑县农民人均纯收入比全国平均水平低2056.90元,人均本级财政收入只有471.38元。自2004年以来,虽然国家出台了一系列粮食生产扶持政策,对滑县的财政转移支付也不断增加,但仍然没有改变农民种粮收入偏低和"产粮大县、财政穷县"的状况。应该说,这样的状况是与滑县农民和滑县地方政府的付出和对国家的贡献不相称的,也是不够合理和公平的。如果这种状况长期继续下去,必然会对粮食生产的稳定和可持续发展带来严重的不利影响。基于此,对完善产粮大县扶持政策和机制提出如下几点建议:

(一)进一步深化对继续加大粮食生产补贴政策力度和对产粮大县扶持力度的认识

2004年以来,国家陆续出台一系列对农民发展粮食生产的补贴政策和对产粮大县的扶持政策,这对调动农民种粮积极性和提高产粮大县发展粮食生产的能力起到了显著的激励作用。但是,从滑县农民收入和财政状况来看,无论是对农民种粮的补贴力度还是对产粮大县的扶持力度仍然需要而且应该继续加大。

其一,新中国成立以后相当长时间,由于我国工业基础薄弱,财力严重不足,国家实行的是"取之于农"的政策。农业、农村、农民为此做出了巨大的利益牺牲,城乡之间的差距逐步扩大,农民长期处于低收入水平。

其二,改革开放以后,我国经济和社会发展取得了令世人瞩目的成就,城市面貌变化日新月异,城镇化率不断提高。城市在很大程度上是靠廉价占用农村的土地发展起来的,一方面,城市发展给国家提供了巨额的税收来源;另一方面,耕地减少给农村、农民发展粮食生产和增加种地收入增大了很大难度。

其三,农民种粮效益明显偏低,而且农民出售的粮食和产粮大县调出的商品粮中,包含了相当一部分国家给予农民的种粮补贴和国家给予产粮大县的财政转移支付及奖补资金。

其四，加大对粮食生产的扶持力度是保障国家粮食安全的长期战略需要。我国可以坚持粮食适当进口的方针，但是，一方面，国际市场粮食的可贸易量对于具有 13 亿多人口的中国来说是较为有限的；另一方面，国际粮食贸易极易被政治、经济、自然灾害等因素所左右，具有极大的不确定性。

我国人多地少的基本国情，决定了粮食安全对于国家政治安全、社会安全和经济安全具有极端的重要性。习近平总书记在 2013 年 12 月召开的中央农村工作会议上指出："中国人的饭碗任何时候都要牢牢端在自己手上，一个国家只有立足粮食基本自给，才能掌握粮食安全主动权，进而才能掌握经济社会发展这个大局。靠别人解决吃饭问题是靠不住的，如果依赖进口，我们就会被别人牵着鼻子走。""粮食问题不能只从经济上看，必须从政治上看，保障国家粮食安全是实现经济发展、社会稳定、国家安全的重要基础。"要确保实现"中国人的饭碗任何时候都要牢牢端在自己手上"这一要求，就必须既要从经济上，更要从政治上，既要从当前，更要从长远看待继续加大粮食补贴政策和对产粮大县扶持力度的必要性。如果不能保障农民种粮的基本收益和积极性，不能保障像滑县这样的产粮大县具有发展粮食生产的基本财力和工作热情，实现国家粮食长期安全的任务就难以得到有效保证。

（二）立足于有效保护和调动产粮大县农民种粮积极性，继续加大政策支持力度

产粮大县粮食生产能力能否保持稳定和提高，最为根本的一点在于农民种粮积极性的高低。国家财政应优化支出结构，尽可能地增加惠农支出，并在增量上向产粮大县倾斜。应根据粮食生产实际情况的变化，扩大种粮补贴范围，提高补贴标准，进一步健全农资综合补贴动态调整机制，以保证种粮农民不因农资价格上涨而减少实际收入。像滑县这样的产粮大县，今后粮食增产潜力的挖掘最关键的在于通过增强科技支撑能力进一步提高单产。因此，应进一步加大对种粮农民应用新技术、新成果的补贴范围和标准。再是，像滑县这样的产粮大县，农业种植主要以粮食作物为主，而农户仅靠

自家不多的承包地种粮，其收入无法满足家庭开支需要，因而青壮年劳动力外出务工的比例要比非产粮大县高。因此，国家应加大对产粮大县的种粮大户、家庭农场、农民合作社等新型农民经营主体的支持力度，而且既应包括对土地流入方的支持，也应包括对土地流出方的鼓励，以促进土地向专业大户、家庭农场、农民合作社等新型经济主体流转，加快适度规模经营发展。同时，还应针对产粮大县农村劳动力减少、留守劳动力整体素质下降这一情况，加大对公共服务事业和社会化服务组织支持力度。另外，粮食生产受自然灾害因素的影响很大。像滑县这样以种粮为主的产粮大县，一旦遇到不可抗拒的自然灾害，种粮农民多数会遭受到严重的减产减收；特别是实行规模经营的新型经营主体，一旦出现大面积的粮食绝产绝收，就可能受到灾难性的打击。而目前实行的农业政策性保险，一方面入保率低，全国粮食作物的投保率仅为50%左右，另一方面由于缴费少而赔付标准低。滑县2013年小麦、玉米的每亩保额分别为311元和251元，如果遇到大的自然灾害，保险赔付资金根本不够弥补生产投入成本。因此，国家应提高对产粮大县的保费补贴标准，实现粮食作物入保全覆盖，确保理赔标准能弥补农民种粮的大部分损失，从而增强农民抗御自然灾害的能力，使农民具有尽快恢复生产的能力；同时，由于产粮大县大多是财政穷县，本级财政缺乏承担可以达到上述入保率和理赔标准所需要的资金配套能力，因此建议取消产粮大县承担的保险补贴部分。

（三）进一步完善对产粮大县利益补偿机制

像滑县这样的产粮大县，一方面因为重农抓粮投入了大量的精力、财力和物力，另一方面因为重农抓粮必须确保耕地和粮田面积的稳定，而牺牲了诸多发展其他产业的机会。而且，像滑县这样的产粮大县，商品粮的大量调出，也意味着当地用于粮食发展的大量投入资金也随之调出。因此，应坚持公平合理原则，尽快健全和完善对产粮大县的利益补偿机制。一是应加大对产粮大县的财政转移支付力度和奖补力度，并将产粮大县的财政转移和奖补与粮食总产量、商品粮输出量、粮食生产成本及粮食价格密切挂钩。二是按照

"谁受益，谁补偿"的原则，根据主销区粮食每年的输入需求量，由国家协调使主销区承担相应的补偿资金，并按照商品粮输出量对产粮大县进行补偿。总之，应通过建立健全公平、合理的产粮大县利益补偿机制，逐步达到产粮大县种粮不吃亏的目标。

（四）进一步加大对产粮大县农业基础条件建设投入力度

像滑县这样的产粮大县，本级财政基本无力投入满足粮食生产发展所需要的农业基础条件建设资金。因而，国家财政应继续加大这方面的投入，鼓励产粮大县加强农田水利建设，开展高产创建活动，改造中低产田，推广节水灌溉技术等，使产粮大县继续保持粮食生产能力的稳定和提高。

（五）进一步增强对产粮大县发展第二、第三产业支撑力度

滑县在抓好粮食生产的同时，也注重第二、第三产业发展，并且取得了一定成效。但是，同其他绝大多数产粮大县一样，第二、第三产业发展的速度还不够快，对本级财政的贡献率仍然偏低。国家应加大对产粮大县发展第二、第三产业的支持，助其实现第一、第二、第三产业融合发展，特别是应支持产粮大县利用粮食生产的优势，延长产业链，发展粮食深加工，提高粮食附加值，增强自身造血功能，进而增强自身发展粮食生产的财政支持能力，为确保国家粮食安全做出更大贡献。

新疆维吾尔自治区奇台县
粮食生产情况调查

一　基本县情

奇台县位于新疆维吾尔自治区东北部，天山北麓，准噶尔盆地东南缘，县城西距乌鲁木齐市 195 公里，是新疆昌吉州的边境县，有对蒙古国开放的国家级一类口岸——乌拉斯台口岸。县域面积 2 万平方公里，辖 8 镇 7 乡，驻有农六师奇台中心团场和北塔山牧场。地域总人口 24 万，少数民族占总人口的 25％。有全国唯一的塔塔

尔族乡。

奇台县农业资源优势突出。全县有 9 条河流，年径流量 4.85 亿立方米，地下水动储量 2.5 亿立方米。有可耕地 200 万亩，是全国"优质小麦、大麦之乡"和新疆重要粮食生产基地。近些年来，奇台县农业产业化进程加快，初步建成乌昌地区重要的面粉、制糖、酿酒、番茄酱、麦芽、淀粉、蔬菜、皮革等优质农副产品生产加工基地。畜牧业发展增势强劲，是自治区农区畜牧业示范县，也是国家生猪调出大县、乌昌地区重要的牛羊育肥基地和肉品供应基地。奇台县生态建设成效显著，是全国防沙治沙综合示范县级示范区和自治区首批环境教育基地。

奇台县矿产开发前景广阔。有煤、花岗岩、铁、金、银、铜、芒硝、石墨、石灰石、膨润土、珍珠岩等 20 余种矿产资源。特别是煤炭资源储量丰富，有新疆四大煤田之一的准东煤田 75% 的资源，预测资源储量 2808.40 亿吨，是目前已探明全国最大的整装煤田，是新疆实施煤电煤化工产业发展战略主战场。花岗岩矿藏储量巨大，石材质地优良，"卡拉麦里金"品牌享誉区内外，现已建成自治区级特色产业园区——闽奇石材产业园。其他矿种品位较高，矿体稳定，适宜规模化开发。

奇台县旅游资源独具特色。历史积淀深厚，汉代属西域都护府，清乾隆三十八年（1773 年）建县，是古丝绸之路北道上的交通枢纽和重要商埠，曾与哈密、乌鲁木齐、伊犁齐名，并称为新疆四大商业都会，有"金奇台"、"旱码头"之美誉，现存汉疏勒城、唐朝墩古城、清东地大庙、将军庙、杏林泉等多处遗址。奇台县南部天山风光秀美，景色宜人，有世界最长的天山怪坡和风景如画的国家AAAA 级景区江布拉克。中部人文荟萃，文化底蕴深厚，有国家级工业旅游示范点——古城酒史馆。北部将军戈壁壮美奇特，硅化木·恐龙国家地质公园堪称世界之最，曾发掘出世界最大恐龙化石，被誉为"恐龙之乡"。现已成为新疆旅游强县。

奇台县经济社会发展势头良好。2014 年，全县生产总值 115.64 亿元，其中，第一产业增加值 44.28 亿元，第二产业增加值 41.42

亿元，第三产业增加值29.94亿元。全县人均地区生产总值5.35万元，比全国人均国内生产总值高14.76%。全县财政总收入15.84亿元，公共财政支出29.06亿元，其中，农林水事务支出4.95亿元。全县实现社会消费品零售总额23.90亿元。金融机构年末各项存款余额92.5亿元。城镇居民人均可支配收入24207元，农村居民人均纯收入14768元。

二　粮食发展成就与主要经验

奇台县是新疆维吾尔自治区产粮大县，粮食产量位居新疆维吾尔自治区产粮大县前三位。长期以来，特别是"十一五"以来，奇台县认真贯彻党和国家关于发展粮食生产的政策措施，取得了显著成效。2014年，全县粮食亩产557.96公斤，比2005年增加130.53公斤，增长30.54%；粮食总产量88.33万吨，比2005年增加60.66万吨，增长2.19倍；人均粮食产量3634.98公斤，比2005年增加2426.90公斤，增长2.01倍，比全国人均粮食产量高3189.98公斤，高7.17倍。先后获得"全国粮食生产百强县"、"国家级商品粮基地县"、"全国粮食生产先进县"，以及"全国粮食生产先进县标兵"等荣誉称号。奇台县粮食生产取得显著成效的主要经验可以归纳为以下几点：

（一）认真落实粮食扶持政策，充分调动农民种粮积极性

多年来，奇台县认真执行国家和上级实行的各项惠农补贴政策；同时，优化本级财政支出结构，尽可能增加粮食扶持资金的投入。奇台县对各项补贴资金都做到了逐户审核，并将补贴清册发放到各乡镇，由各乡镇政府派包村干部到各村、组张贴公示，接受群众监督，拍照存档备查。县财政局还抽调专人对各乡镇公示情况进行督促检查，同时认真倾听和处理群众咨询和反映的问题，切实保证了国家惠农政策阳光运行。补贴资金直接发放到种粮农户"一卡通"账户中，保证了补贴资金及时足额发放到位。2014年，全县共发放各种惠农政策资金4.02亿元。各项惠农政策的落实，有效调动了广大农民的种粮积极性，粮食播种面积和种粮投入明显增加。2014年，全县粮食播种面积达到158.13万亩，比2005年的62.74万亩

增加95.39万亩，增长1.52倍；农业机械总动力达到49.58万千瓦，比2005年的33.88万千瓦增加15.70万千瓦，增长46.34%；拥有大中型拖拉机4448台，比2005年增加2899台。由于新疆种粮农户人均耕地面积明显高于全国平均水平，种粮农民获得的粮食补贴的金额相对较多，对农民增收的促进作用更为明显。根据课题组对奇台县101户种粮农户2015年粮食生产情况的调研数据，101户种粮农户户均耕地面积177.16亩（包含流转土地），户均粮食种植面积125.10亩；其中，粮食种植面积大于500亩的就约占10%（10户）。以西地镇东地村民李建立家粮食种植为例，2015年种了500亩小麦，除了15万元的现金收益之外，还领到了粮食直接补贴6.00万元（每公斤0.30元），良种补贴0.75万元（每亩15元），农资综合补贴4.65万元（每亩93元），三种粮食补贴共计11.40万元，相当于当年粮食生产现金收益增长了76%。

（二）大力加强农田水利建设，提高农业抗御自然灾害能力

水利是农业命脉。"十一五"期间，奇台县共建成中小型水库5座，中型拦河水库1座，并对原有水利工程进行维修维护，累计建有永久型引水枢纽工程6座，总设计引水能力103平方米/秒；建成干、支、斗、农四级输水防渗渠道总长3525.21公里；建成高效节水工程面积20.50万亩。"十二五"期间，奇台县共投入资金15亿元，先后完成水库枢纽、灌区节水改造、末级渠系改造、河道治理、除险加固、农村饮水安全、小流域治理、牧区水利节水示范项目、防洪工程、小农水重点县工程共52项。目前，奇台县实施节水滴灌面积130万亩，已实施河水加压（自压）滴灌工程面积30万亩，全县农业水利化面积达72%。水利化程度的提高，大大提高了抗御自然灾害特别是旱灾的能力。例如，推广的加压滴灌节水灌溉工程，使冬小麦较普通灌溉模式每亩提高单产近100公斤。2014年，全县滴灌小麦平均亩产达510公斤，最高亩产达612公斤。2014年秋，全县种植冬小麦41万亩，其中，加压滴灌推广面积达21万多亩。

（三）大力加强农业科技推广工作，提高科技支撑能力

奇台县坚持把农业科技作为粮食生产发展的第一生产力来抓，

采取有效措施促进粮食稳产增产关键技术的推广应用，特别是主要粮食作物稳产增产技术的集成应用。小麦是奇台县播种面积最大的粮食作物，2014 年，全县小麦播种面积占粮食总播种面积 76% 以上。为了保证小麦的稳产增产，奇台县实施良种全覆盖、卫星定位导航播种、无人机喷药、绿色标准化生产、病虫害统防统治、测土配方施肥、节水灌溉等技术融合推广，有力地提升了小麦生产水平。2014 年，奇台县种植小麦 120.94 万亩，亩产达到 423.02 公斤，总产达到 51.16 万吨；总产量占到新疆维吾尔自治区的 1/8，占昌吉州的 1/2。玉米是奇台县的第二大粮食作物，为了提高玉米生产水平，奇台县积极落实精细耕作、精密栽培、精准施肥、精确防控、叶龄管理、标准化管理的玉米种植"四精两管"高效增产栽培模式，品种以德美亚 1 号和新玉 57 号、55 号、13 号为主，测土配方施肥技术和滴灌种植技术应用率达到 100%。同时，根据玉米不同生长时期肥料需求，合理调配底肥、种肥、追肥比例，增施叶面微肥，起到降耗、增效的作用。此外，采取"一深松两中耕"的田间耕作模式，放寒增温，促进玉米健康生长。同时，奇台县利用机车和飞机进行防虫，做到均匀喷洒，控制玉米病虫害的发生。2014 年，奇台县种植的 35.85 万亩玉米，总产达到 29.77 万吨，亩产达到 830 多公斤，每亩效益在 1500 元以上，创造了奇台县最高纪录。

（四）大力推进产业化发展，提高粮食生产效益

在推进粮食生产产业化方面，奇台县突出以下重点：一是培育和发展新型经营主体。奇台县通过宣传引导、典型示范和政策扶持等措施，大力培育农业龙头企业、专业大户、农民合作社等新型经营主体，不断提升农业产业化发展水平。目前，奇台县共培育州县级农业龙头企业 16 家，发展各类农民合作社 510 家，培育种植养殖大户 1000 户，全县 70.80 万亩土地流转向以上经营主体。二是助推绿色基地建设。近年来，奇台县把绿色基地创建列入政府发展规划，制订基地建设计划和完善各项制度，成立农业标准化生产办公室，把"三品一标"工作纳入县乡相关部门年底考核，为基地的有效运转提供组织保障。同时，加强基地投入品监管，大力发展农民

专业合作经济组织，提高农业"三品一标"组织化程度，并加大政策扶持力度。到 2014 年，已成功创建了 40 万亩全国绿色食品原料小麦标准化生产基地、20 万亩玉米、10 万亩马铃薯、10 万亩油葵全国绿色食品原料标准化生产基地；2015 年又申报了 60 万亩全国绿色食品原料（小麦）标准化生产基地。三是实施种子工程。多年来，在奇台县政府的支持下，九立禾种业、新疆金天山等 19 家有实力的制种企业先后落户奇台县，推动了农作物种业发展。2015 年，奇台县各类农作物制种面积达到了 30 多万亩，其中，小麦 21.50 万亩，玉米 10.11 万亩，其他作物 1 万亩，制种产业已发展成为奇台县的优势产业和农民致富增收的主要途径。同时，制种企业的引进和小麦繁育基地的建立，从源头上解决了全县小麦良种繁育中供种不足、品种退化等问题，提高了小麦综合生产能力，推动了奇台县由粮食大县向制种强县的转变。

（五）大力推进农业政策性保险工作，提高农民抗御风险的能力

为促进农牧民持续增收，奇台县把种植业、养殖业和设施农业保险作为民生工程，拨出专项资金对农牧民自缴保费给予 5% 的补贴，农户自缴比例由原来的 15% 降低到 10%，其他部分由中央财政补贴 40%、自治区财政补贴 25%、县财政补贴 15%。这一惠民政策的实施大大提高了种植户参保积极性。到 2013 年，全县农作物种植面积参保率达到 90% 以上，当年中国人民保险公司与农民签订种植业保险面积 160 多万亩，赔款总计 2500 多万元。

三　调研中的几点感受

在调研中，课题组还专门就"2016 年农户粮食种植意向"等问题对奇台县西地镇的西地村、东地村、沙山子村，吉布库镇的达板河村，西北湾镇的小屯村共计 107 个农户（其中，种粮农户 101个），以及当地基层干部进行了问卷调查。影响农民种粮收益和农民粮食种植意愿的因素主要有以下几点：

（一）影响农民种粮收益的因素

其一，种粮成本逐年上升。种粮成本逐年上升成为拉低农民种粮收入的最主要因素。2015 年，奇台县每亩小麦、玉米的生产投入

大约为：种子110—120元，化肥150—200元，农药30—50元，农膜36—50元，机耕费70—100元，滴灌毛管费100—150元（旧的毛管费可抵40元），水费80元，雇工费用125—150元。此外，如果农户种粮的耕地是流转（转租）的耕地，每亩还需要支付地租300—350元；如果农户种粮的耕地是农民承包地之外的集体土地等耕地，每亩还需要交纳水资源费290元。

其二，农产品价格偏低。2015年奇台县粮食收购价格普遍低于2014年，其中，玉米1.4—1.5元/公斤，小麦2.4—2.5元/公斤。其他经济作物：花葵（油葵、食葵）5.0—6.5元/公斤，打瓜8.0—10.0元/公斤，南瓜子17.0—19.0元/公斤。调研中有95%农户认为，当前粮食价格偏低，尤其是2015年玉米价格过低。

（二）影响农民种粮意愿的因素

其一，水资源是影响奇台县农户粮食种植意愿的重要因素之一。奇台农田水利设施良好，现在农田用水基本都是滴灌。然而，由于新疆地区土地水分蒸发量大，农业用水仍比较紧缺。调研中99%的农户认为水资源是影响粮食种植意愿的重要因素。

其二，粮食补贴是影响奇台县农户粮食种植意愿的另一个重要因素。调研中了解到，由于种植小麦能够获得的补贴（粮食直接补贴、农资综合补贴、良种补贴）明显高于种植玉米能够获得的补贴，种粮农民对小麦补贴的满意程度明显高于玉米，这也是奇台县小麦种植面积较为稳定的重要原因。即便在2015年小麦价格低于往年的情况下，由于小麦种植补贴较高，种粮农民对下一年度小麦的弃种情绪并不明显。然而，对于玉米来讲，由于补贴明显偏低（仅有每亩10元的良种补贴），再加上2015年玉米价格下降，很多农民明确表示2016年将减少玉米种植面积，考虑增加其他收益更好的经济作物。

其三，倒茬和集体决策是影响奇台县农户粮食种植意愿的第三个重要因素。奇台县粮食种植一年一季。为了保护土地肥力，有利于提高农作物产出水平，倒茬是种粮农民决策第二年种植结构的重要影响因素。此外，奇台县农田水利设施良好，农田用水基本都是滴灌，这也使得集体决策成为影响奇台农户粮食种植意愿的重要因素。调研中农户解释说，如果自己家耕地周围都种玉米，那么自己家也会种植玉米，这是大家共同决策的结果，因为采用了滴灌技术，一片区域灌溉管道的供水时间和供水量都是统一的，大家种的农作物品种相同有利于农作物的灌溉。

（三）粮食补贴执行过程中存在的问题

调研中，通过与基层干部访谈了解到，从基层政策执行者的角度来讲，政策执行成本高是当前粮食补贴政策执行过程中较为突出的问题。仅仅关于补贴面积的核实工作这一项，就需要耗费大量的人力和时间，而且花费了如此巨大的人力投入之后，补贴的效果可能不尽理想。在基层干部来看，将农民销售粮食的数量作为粮食补贴的依据是较为省时省力，而且是更为公平有效的补贴方式。

参考文献

[1] Bicknell, K. B. , J. E. Wilen and R. E. Howitt, "Public Policy and Private Incentives for Livestock Disease Control", *The Australian Journal of Agricultural and Resource Economics*, 1999, Vol. 43, No. 4, pp. 501 – 521.

[2] Dimaranan, B. , T. W. Hertel and R. Keeney, "OECD Domestic Support and the Developing Countries", GTAP Working Paper No. 1161, Center for Global Trade Analysis, Department of Agricultural Economics, Purdue University, 2003.

[3] Driscoll, J. and A. C. Kraay, "Consistent Covariance Matrix Estimation with Spatially Dependent Data", *Review of Economics and Statistics*, 1998, Vol. 80, No. 1, pp. 549 – 560.

[4] Feng, H. L. et al. , "Conservation Reserve Program in the Presence of a Working Land Alternative: Implications for Environmental Quality, Program Participation, and Income Transfer", *American Journal of Agricultural Economics*, 2005, Vol. 87, No. 5, pp. 1231 – 1238.

[5] Gale, F. , B. Lohmar and F. Tuan, "China's New Farm Subsidies", United States Department of Agriculture Outlook WRS – 05 – 01, http: //www. ers. usda. gov/publications/WRS0501/WRS0501. pdf, 2005.

[6] Halvorsen, R. and R. Palmquist, "The Interpretation of Dummy Variables in Semilogarithmic Equations", *American Economic Review*, 1980, Vol. 70, No. 3, pp. 474 – 475.

[7] Ingco, M. D. and J. D. Nash, Agriculture and the WTO: *Creating*

a Trading System for Development, Washington: World Bank and Oxford University Press, 2004.

[8] Moss, C. B. and A. Schmitz, *Government Policy and Farmland Markets: The Maintenance of Farmer Wealth*, Iowa: Iowa Stata Press, 2003.

[9] Nico, H., K. Marijke and X. Shi, "China's New Rural Income Support Policy: Impact on Grain Production and Rural Income Inequality", *China & World Economy*, 2006, Vol. 6, No. 14, pp. 58 – 69.

[10] Witold Orlowski, "Price Support at Any Price? Costs and Benefits of Alternative Agricultural Policies for Poland", World Bank Policy Research Working Paper, No. 1584, 1996.

[11] 白描、田维明:《加入 WTO 对中国粮食安全的影响》,《中国农村观察》2011 年第 4 期。

[12] 财政部金融司:《中央财政大力支持农村金融改革发展》,http://www. mof. gov. cn, 2013 年。

[13] 财政部金融司:《中央财政积极推动农业保险发展》,http://www. mof. gov. cn, 2013 年。

[14] 财政部农业司:《东北四省区"节水增粮行动"取得良好开局》,http://www. mof. gov. cn, 2012 年。

[15] 财政部农业司:《中央财政下拨 10 亿元支持旱作农业技术推广》,http://www. mof. gov. cn, 2015 年。

[16] 财政部农业司:《中央财政已拨付 2014 年农作物良种补贴资金 214 亿元》,《农民日报》2014 年 9 月 23 日第 1 版。

[17] 财政部农业司:《中央财政支持测土配方施肥成效显著》,http://www. mof. gov. cn, 2014 年。

[18] 曹宝明、李光泗、徐建玲、郭晓东:《中国粮食安全的现状、挑战与对策研究》,中国农业出版社 2005 年版。

[19] 陈慧萍、武拉平、王玉斌:《补贴政策对我国粮食生产的影响》,《农业技术经济》2010 年第 4 期。

[20] 陈洁:《粮食安全调控新思维》,《农业部农村经济研究中心

研究报告》2015 年 11 月 16 日。

[21] 陈利君：《世界"粮食危机"对印度粮食安全的影响》，《东南亚研究》2009 年第 3 期。

[22] 陈印军、王晋臣、肖碧林、方琳娜、杨瑞珍：《我国耕地质量变化态势分析》，《中国农业资源与区划》2011 年第 2 期。

[23] 陈印军、肖碧林、方琳娜、马宏岭、杨瑞珍、易小燕、李倩倩：《中国耕地质量状况分析》，《中国农业科学》2011 年第 17 期。

[24] 崔奇峰、周宁、蒋和平：《粮食主产区利益补偿必要性分析——基于主产区与非主产区粮食生产及经济发展水平差距的视角》，《中国农学通报》2013 年第 32 期。

[25] 邓大才：《粮食宏观调控的运行机制研究》，《经济问题》2005 年第 5 期。

[26] 邓蒙芝：《对现行粮食补贴政策的反思与改革建议》，《农业经济》2014 年第 9 期。

[27] 丁声俊：《粮食主产区是确保粮食安全的重中之重——对粮食主产省吉、豫的调研与思考》，《中国粮食经济》2010 年第 7 期。

[28] 董春玉、刘颖：《粮食补贴政策对农户收入的影响分析——来自安徽省天长市的实证检验》，《南方农村》2013 年第 8 期。

[29] 杜辉、张美文、陈池波：《中国新农业补贴制度的困惑与出路：六年实践的理性反思》，《中国软科学》2010 年第 7 期。

[30] 段应碧、宋洪远：《中国主产区粮食综合生产能力建设问题调研报告》，中国财政经济出版社 2005 年版。

[31] 国家发改委农村经济司：《我国农业保险承保农作物面积超 11 亿亩》，http：//www. sdpc. gov. cn，2014 年。

[32] 封志明、李香莲：《耕地与粮食安全战略：藏粮于土，提高中国土地资源的综合生产能力》，《地理学与国土研究》2000 年第 3 期。

[33] 高帆：《我国经济发展中的粮食增产与农民增收：一致抑或冲

突》，《经济科学》2005 年第 2 期。

[34] 高峰、王学真、羊文辉：《农业投入品补贴政策的理论分析》，《农业经济问题》2004 年第 8 期。

[35] 国家粮食局：《2014 年粮食收购首超 7000 亿斤》，《人民日报》2015 年 1 月 9 日第 1 版。

[36] 国家粮食局：《中国粮食年鉴（2015）》，中国社会科学出版社 2015 年版。

[37] 国家统计局：《2014 年全国农民工监测调查报告》，http：//www. stats. gov. cn，2015 年。

[38] 国务院：《国务院关于粮食安全工作情况的报告》，第十一届全国人民代表大会常务委员会第 16 次会议，2010 年 8 月 26 日。

[39] 国务院新闻办公室：《中国的粮食问题白皮书》，1996 年 10 月。

[40] 韩俊、徐小青、于保平、樊雪志：《我国粮食供求现状、前景及对策》，《中国经济时报》2010 年 4 月 14 日。

[41] 韩喜平、荀荔：《我国粮食直补政策的经济学分析》，《农业技术经济》2007 年第 3 期。

[42] 韩长赋：《"十二五"农业改革发展成就报告》，http：//www. moa. gov. cn，2015 年。

[43] 韩长赋：《"十二五"时期发展粮食生产的基本思考》，《求是》2011 年第 3 期。

[44] 河南省滑县人民政府：《小麦第一县的连增秘籍》，《农村工作通讯》2015 年第 1 期。

[45] 洪涛、傅宏：《中国粮食安全发展报告（2013—2014）》，经济管理出版社 2014 年版。

[46] 洪涛：《中国粮食安全保障体系及预警》，经济管理出版社 2010 年版。

[47] 胡婧、于成龙：《粮食主产区农业技术推广困境及对策研究——以吉林省榆树市为例》，《城市地理》2014 年第 20 期。

[48] 黄季焜、王晓兵、智华勇、黄珠容、Scott Rozelle：《粮食直补和农资综合补贴对农业生产的影响》，《农业技术经济》2011年第1期。

[49] 黄祖辉、钱燕峰：《技术进步对我国农民收入的影响及对策分析》，《我国农村经济》2003年第12期。

[50] 霍增辉、吴海涛、丁士军：《中部地区粮食补贴政策效应及其机制研究——来自湖北农户面板数据的经验证据》，《农业经济问题》2015年第6期。

[51] 蒋和平、吴桢培：《湖南省汨罗市实施粮食补贴政策的效果评价——基于农户调查资料分析》，《农业经济问题》2009年第11期。

[52] 蒋和平、吴桢培：《建立粮食主销区对主产区转移支付的政策建议》，《中国发展观察》2009年第12期。

[53] 李成贵：《粮食直接补贴不能代替价格支持——欧盟、美国的经验及我国的选择》，《中国农村经济》2004年第8期。

[54] 李刘冀：《我国粮食补贴政策问题研究》，硕士学位论文，中国农业大学，2006年。

[55] 李鹏、谭向勇：《粮食直接补贴政策对农民种粮净收益的影响分析——以安徽省为例》，《农业技术经济》2006年第1期。

[56] 李瑞锋、肖海峰：《我国粮食直接补贴政策的实施效果、问题及完善对策》，《农业现代化研究》2006年第2期。

[57] 李瑞平、施鹏程：《必须建立主产区发展粮食产业的长效机制》，《调研世界》1994年第9期。

[58] 李首涵、何秀荣、杨树果：《中国粮食比较效益低吗?》，《中国农村经济》2015年第5期。

[59] 李双、代诗云、费卫卫、万佳佳：《我国粮食补贴政策执行效果、问题及对策研究——以湖北省监利县调查为例》，《当代经济》2014年第17期。

[60] 李韬：《粮食补贴政策增强了农户种粮意愿吗? ——基于农户的视角》，《中央财经大学学报》2014年第5期。

［61］梁世夫：《粮食安全背景下直接补贴政策的改进问题》，《农业经济问题》2005年第4期。

［62］梁淑华：《我国粮食补贴政策运行现状、存在的问题及对策》，《价格月刊》2014年第10期。

［63］刘进宝、刘洪：《农业技术进步与农民农业收入增长弱相关性分析》，《中国农村经济》2004年第9期。

［64］刘克春：《粮食生产补贴对策对农户粮食种植行为的影响与作用机理分析——以江西省为例》，《中国农村经济》2010年第2期。

［65］刘鹏凌、李乾、栾敬东：《粮食补贴政策对粮食产量的影响——基于改进的灰色关联度分析》，《农业经济与管理》2015年第1期。

［66］刘小春、翁贞林、朱红根：《江西种粮农户的粮食补贴政策认知特征与生产经营行为的调研分析》，《商业研究》2008年第11期。

［67］刘永芳：《中国粮食补贴政策效应分析》，《世界农业》2013年第1期。

［68］卢贵敏：《解放思想，奋发有为，努力开创农业综合开发工作新局面——在全国省级农发办主任培训班上的讲话》，http：//www. mof. gov. cn，2015年。

［69］卢曙光、卢中民：《滑县整合项目能量助推粮"十一连冠"》，《中国农资》2014年第12期。

［70］卢曙光、罗俊丽、王冬辉、赵勇：《滑县多措并举全力打造国家重要粮食核心区》，《农民致富之友》2013年第5期。

［71］罗丹、陈洁：《中国粮食生产调查》，上海远东出版社2014年版。

［72］马彦丽、杨云：《粮食直补政策对农户种粮意愿、农民收入和生产投入的影响——一个基于河北案例的实证研究》，《农业技术经济》2005年第2期。

［73］马冶、沈洪亮、赵振芳、王晓峰：《发展农机合作社结合土地

托管对粮食生产的重要作用》，《湖南农机》2013 年第 9 期。

[74] 农业部：《加快区域性标准化高产高效技术模式推广》，http：//www. moa. gov. cn，2014 年。

[75] 农业部：《农业部今年安排 2600 个粮棉油万亩高产创建示范片》，http：//www. gov. cn，2009 年。

[76] 农业部：《我国良种覆盖率超96％》，http：//news. xinhuanet. com，2014 年。

[77] 农业部：《我国农业科技进步贡献率达55.6％》，http：//www. people. com. cn，2014 年。

[78] 农业部：《我国农作物耕种收综合机械化水平突破60％》，http：//www. moa. gov. cn，2014 年。

[79] 农业部产业政策与法规司：《2013 年国家支持粮食增产农民增收的政策措施》，《农民日报》2013 年 3 月 20 日第 4 版。

[80] 农业部产业政策与法规司：《2014 年国家深化农村改革、支持粮食生产、促进农民增收政策措施》，http：//www. moa. gov. cn，2014 年。

[81] 农业部新闻办：《283 个国家现代农业示范区机械化水平达到72.4％》，http：//www. moa. gov. cn，2015 年。

[82] 潘刚：《建立粮食主产区利益补偿机制问题研究》，《中国农业信息》2010 年第 9 期。

[83] 平作炎：《加大对粮食主产区的投入力度——关于建立粮食安全保障利益补偿机制的思考》，《农村经营管理》2010 年第 5 期。

[84] 齐海山、郭翔：《警惕产粮大县利益倒流》，《瞭望》2014 年第 43 期。

[85] 钱克明：《我国"绿箱政策"的支持结构与效率》，《农业经济问题》2003 年第 1 期。

[86] 秦富：《国外农业支持政策》，中国农业出版社 2003 年版。

[87] 任正晓：《在全国粮食流通工作会议上的报告》，http：//www. sdpc. gov. cn，2015 年。

［88］沈淑霞、佟大新：《吉林省粮食直接补贴政策的效应分析》，《农业经济问题》2008 年第 8 期。

［89］盛艳：《直接补贴对粮食生产和农地利用的影响》，硕士学位论文，南京农业大学，2006 年。

［90］石成文、刘桂成：《突出重点强化措施不断推进农机合作社健康发展》，《吉林农业》2014 年第 17 期。

［91］孙立刚：《关于粮食补贴方式改革的研究》，《调研世界》2002 年第 11 期。

［92］唐茂华、黄少安：《农业比较效益低吗？——基于不同成本收益核算框架的比较分析及政策含义》，《中南财政政法大学学报》2011 年第 4 期。

［93］田建民、孟俊杰：《我国现行粮食安全政策绩效分析》，《农业经济问题》2010 年第 3 期。

［94］王娇：《我国粮食直接补贴政策存在的问题》，《中国粮食经济》2005 年第 6 期。

［95］王姣、肖海峰：《我国粮食直接补贴政策效果评价》，《中国农村经济》2006 年第 12 期。

［96］王金晖：《对粮食直补政策实施现状的调查与分析》，《安徽农业科学》2007 年第 6 期。

［97］王巨禄：《800 个产粮大县城乡统筹发展需要加快》，《农民日报》2015 年 9 月 12 日第 3 版。

［98］王茂林：《我国粮食问题及主产区政策研究》，《管理世界》1996 年第 5 期。

［99］王欧、杨进：《农业补贴对中国农户粮食生产的影响》，《中国农村经济》2014 年第 5 期。

［100］王宇、王文静：《我国农业格局和生产模式发生四大变化》，《新华每日电讯》2014 年 12 月 5 日第 6 版。

［101］王玉斌、陈慧萍、谭向勇：《中美粮食补贴政策比较》，《农业经济问题》2006 年第 12 期。

［102］魏凤梅：《滑县着力创新农技推广强力支撑粮食生产连增》，

《中国农技推广》2014 年第 10 期。

[103] 魏凤梅：《科技支撑助推滑县粮食 "十连增"》，《基层农技推广》2014 年第 1 期。

[104] 魏礼群：《坚定不移走共同富裕道路》，《求是》2014 年第 15 期。

[105] 文小才：《当前我国财政农业补贴中存在的问题及对策》，《经济经纬》2007 年第 3 期。

[106] 闻海燕、马玉山：《主产区粮食政策的效应分析》，《农业技术经济》2010 年第 12 期。

[107] 吴成福：《粮食补贴政策的实施效果及改进建议》，《理论探索》2006 年第 6 期。

[108] 吴连翠、蔡红辉：《粮食补贴政策对农户种植行为影响的实证分析》，《技术经济》2010 年第 6 期。

[109] 习近平：《在中央农村工作会议上的讲话》2013 年 12 月 23 日。

[110] 肖国安：《粮食直接补贴政策的经济学解析》，《中国农村观察》2005 年第 3 期。

[111] 许雪亚：《榆树粮食增产有新招》，《农村工作通讯》2013 年第 20 期。

[112] 颜宏晖：《保护粮食主产区的利益是实现全国粮食供需平衡的关键》，《农业经济问题》1998 年第 3 期。

[113] 杨光焰：《粮食宏观调控面临的主要矛盾及其化解》，《调研世界》2005 年第 5 期。

[114] 杨万江、孙奕航：《粮食补贴政策对稻农种植积极性影响的实证分析——基于浙江、安徽、江西稻农调查数据分析》，《中国农学通报》2013 年第 20 期。

[115] 叶慧：《国内外粮食补贴政策比较研究及其启示》，《安徽农业科学》2008 年第 19 期。

[116] 叶兴庆：《改革以来我国粮食保护价格政策回顾与思考》，《调研世界》1998 年第 12 期。

［117］尹成杰：《在中国农业科学院农业经济与政策顾问团2015年工作会议上的发言》，2015年。

［118］于建霞、胥凤红、徐静：《山东省粮食补贴政策绩效分析——基于山东省17个地市2004—2012年面板数据》，《经济与管理评论》2014年第5期。

［119］榆树市农机局：《榆树市机械深松整地作业分析》，《农业技术与装备》2011年第1期。

［120］榆树市农业局：《榆树市落实综合配套措施　推进粮食高产创建》，《吉林农业》2014年第13期。

［121］袁可林、张自磊：《河南滑县：耕地保护助推粮食稳产高产》，《资源导刊》2014年第3期。

［122］袁宁：《粮食补贴政策对农户种粮积极性的影响研究——基于农户问卷调查的实证研究》，《上海财经大学学报》2013年第4期。

［123］臧文如、傅新红、熊德平：《财政直接补贴政策对粮食数量安全的效果评价》，《农业技术经济》2010年第12期。

［124］张冬平、赵翠萍：《我国粮食直接补贴政策：效应、问题及建议》，《河南农业》2005年第1期。

［125］张国庆：《我国粮食补贴的绩效评估与政策改进》，《农村经济》2010年第9期。

［126］张红玉：《我国粮食补贴政策研究》，立信会计出版社2010年版。

［127］张建明、王普选、魏家尚：《用技术推广服务铸造粮食生产先进县金杯》，《中国农技推广》2004年第2期。

［128］张照新、陈金强：《我国粮食补贴政策框架、问题及政策建议》，《农业经济问题》2007年第11期。

［129］张照新、欧阳海洪、陈洁：《我国粮食补贴方式改革的若干问题及政策建议》，《中国农垦经济》2007年第3期。

［130］赵德余、顾海英：《我国粮食直接补贴的地区差异及其存在的合理性》，《中国农村经济》2004年第8期。

［131］赵伟杰、刘建伟、姜晓燕、迟桂梅：《平度市测土配方施肥推广应用历程及成效》，《现代农业科技》2012 年第 15 期。

［132］中共中央、国务院：《关于加大改革创新力度加快农业现代化建设的若干意见》，http：//www. gov. cn，2015 年。

［133］中国人民银行榆树市支行课题组：《"粮食银行"发展趋势初探——以吉林省榆树市"粮食银行"为例》，《吉林金融研究》2014 年第 5 期。

［134］周应恒、赵文、张晓敏：《近期中国主要农业国内支持政策评估》，《农业经济问题》2009 年第 5 期。

［135］朱海生：《对全国产粮大县土地规模经营情况的调查——以吉林省榆树市为例》，《吉林金融研究》2014 年第 7 期。

后 记

本书是国家自然科学基金青年项目"我国粮食补贴政策优化及政策优化研究"（项目编号：71203220）的终期研究成果，该项目在后期还获得了中国农业科学院创新工程项目资助，在此向国家科学基金委员会和中国农业科学院创新工程表示衷心的感谢！

在项目申请和书稿写作过程中，国家自然科学基金青年项目"我国粮食补贴政策优化及政策优化研究"团队成员：中国农业科学院农业经济与发展研究所吕新业研究员、王祖力副研究员、杨春副研究员、钟钰副研究员，青岛农业大学张怡博士，天津农业科学院农村经济与区划研究所陈琼博士等均给予了多方面的支持和帮助。此外，中国农业大学田维明教授、肖海峰教授，以及中国农业科学院农业经济与发展研究所李宁辉研究员就研究框架设计和模型构建给予了宝贵的建设性意见；农业部财务司农业补贴与金融处王衍处长，农业部种植业司综合处张丽副调研员，中国农业大学蔡海龙副教授，以及中国农业科学院农业经济与发展研究所王秀东研究员、周慧副研究员就重要逻辑关系的梳理给予了有益的启发和建议；中国农业大学刘晓昀教授，青岛农业大学牟少岩教授、付叶亮老师、张德锋老师，新疆畜牧科学院畜牧业经济与信息研究所李捷研究员、王惠编审，新疆农业科学院生物质能源研究所涂振东研究员，中国农业科学院农业经济与发展研究所孙慧峰老师、王国刚副研究员，以及中国农业科学院农业经济与发展研究所"中国农村微观经济数据库"平台在实地调研和资料收集过程中给予了大量的支持和帮助，一并表示感谢。

作者

2016 年 3 月